天然气净化系统检维修管理丛书

检维修质量控制

吴基荣　崔吉宏　曹振涛　张建东　周家伟　编著

中国石化出版社

图书在版编目(CIP)数据

检维修质量控制 / 吴基荣等编著. —北京：中国石化出版社，2022. 7
(天然气净化系统检维修管理丛书)
ISBN 978-7-5114-6510-8

Ⅰ. ①检… Ⅱ. ①吴… Ⅲ. ①天然气净化-检修-工业企业管理-质量控制 Ⅳ. ①F407. 226

中国版本图书馆 CIP 数据核字(2022)第 136865 号

中国石化出版社出版发行
地址:北京市东城区安定门外大街 58 号
邮编:100011 电话:(010)57512446
发行部电话:(010)57512575
http://www. sinopec-press. com
E-mail:press@ sinopec. com
北京富泰印刷有限责任公司印刷
全国各地新华书店经销
*
880×1230 毫米 32 开本 5. 125 印张 129 千字
2022 年 9 月第 1 版 2022 年 9 月第 1 次印刷
定价:76. 00 元

编 委 会

PREFACE

前言

天然气是一种优质、高效、清洁的低碳能源，加快天然气产业发展，提高天然气在一次能源消费中的比重，是我国加快建设安全、环保、高效的现代能源体系的必由之路。近年来，随着国内天然气资源的大规模开发，与之配套的天然气净化处理技术也愈发成熟。以普光气田、元坝气田等为代表的高含硫气田的陆续高效开发，使之成为国家能源开发的重要战场，不但为企业生存和发展注入了强劲动力，也为保障国家能源安全作出了贡献。

天然气净化系统作为高含硫天然气田开发的重要地面工程设施，是天然气处理的核心，其正常运转是有效保障天然气能源向社会持续、稳定供应的关键之一。为有效应对天然气能源需求量的不断增长，国内各大气田天然气净化装置的生产任务也越来越繁重，要实现净化装置的“安、稳、长、满、优”运行，就必须要保证相关机械设备能够安全、稳定、高效地运转，但在实际生产中，机械设备会不可避免地出现一些故障，因此对设备的检修和维护工作就尤为重要。针对天然气净化装置而言，在使用一定周期后，其面临着设备定期法检、三剂周期更换、重大隐患治理等问题，须以其中的设备和管道为对象，集中开展检查和检验等工作，以解决影响正常生产运行的装置问题。装置停工检维修是一项十分复杂的系统工程，包括常规检维修、技改技措等多方面的工作。一般来说，设备检维修工作面临着检维修周期短、施工项目多、任务重、费用紧张、交叉作业多、作业空间受限、短期资源需求量大等诸多困难，这些都极大地考验着检维修参与人员的技术水平和管理能力。因此，必须要加强施工管理，不断提高对检维修质量的重视程度，有力地保障设备检维修各项工作的顺利实施和质量达标，同时针对净化装置内设备种类繁杂、人员素质参差不齐、检维修人员更替频繁等现状，亟须建立一套标准化的设备检维修程序，用于指导检维修工作的安全、有序开展，《天然气净化系统检维修管理丛书》应运而生。

本丛书在全面总结元坝天然气净化厂装置检维修丰富经验的基础上编纂而成，旨在为国内天然气净化装置检维修提供有益的参考。元坝天然气净化厂是中国石化在元坝气田建设的第二大高含硫天然气净化厂，其运行装置具有高温、高压、高含硫、强腐蚀性等特点，元坝天然气净化厂四套联合装置于 2014 年 12 月开始陆续进行投料试车，经过近 8 年的生产运行已经历了 10 余次规模不同的检维修，通过在检维修过程中不断摸索，逐步建立并完善了一整套高含硫天然气净化装置的标准化检维修程序，为保障元坝天然气净化厂装置检维修各项工作的顺利开展和平稳运行起到了积极作用。

本丛书在编写过程中，先后有80余人在主编吴基荣、崔吉宏、曹振涛、张建东、周家伟同志的带领下参与了这项工作。本丛书共分为六册，第一册为《管理制度总则》，主要从检维修的职责界定、工作程序、组织机构等方面勾画出检维修相关工作的总体框架，该分册主要由吴基荣、崔吉宏、管红滨、徐聪、刘建平、吴小富、朱鹏、陈辉、杨灵莉、文凤、张俊等同志编写完成。第二册为《管理制度细则》，主要结合元坝天然气净化厂检维修的实际情况，汇总了检维修涉及的集团公司、局(分公司)、净化厂检维修、采购、招标等相关管理规定，该分册主要由崔吉宏、管红滨、曹文全、徐秦川、李景辉、朱伟、邵德超、赵勇、叶世贵、朱亚军、李竹、蒋波、闵长东、龙飞飞、谢锡彬、刘莹等同志编写完成。第三册为《检维修标准化作业规程》，主要从工艺标准化规程、设备检维修标准化作业规程两个方面展开编写，该分册主要由吴基荣、崔吉宏、曹振涛、张建东、周家伟、曹文全、齐登圣、李治鹏、李林龄、杨幸儒、马东超、罗毓肇、付川伟、李长春、王贵清、韩晓兰、李彬、陈凯、谷卓然、陈亮、郑传海、黄成、邓建、任雪英、刘康宁、刘泽民、徐刚旭、徐守凯、高杰、张金熠等同志编写完成。第四册为《作业现场标准化指导书》，主要从检维修现场作业人员、工(器)具、检维修现场区域划分、检维修直接作业环节等方面展开编写，该分册主要由曹振涛、陈镭、李凯、杨鹏昊、毕泉云、王希刚、颉志杰、李天宇、段朝文、吉喆、李跃杰、全斌等同志编写完成。第五册为《检维修质量控制》，主要包括工艺管道、机泵、仪表等设备的检维修质量控制，该分册主要由周家伟、曹文全、鲍春田、姜玉峰、夏吉佳、周榆、邢小龙、刘良贵、高洋洋、朱超、李涛、杨易、宋伟、陈明辉、程祎等同志编写完成。第六册为《检维修 HSE 管理》，主要包括 HSE 管理的组织机构及职责、检维修作业的 HSE 管理规定、危害识别和风险评价等内容，该分册主要由张建东、周隼、苗华、张天保、余松涛、张雷、杨荣、胡国林、王勇、王钦平、谌波、李永峰等同志编写完成。此外，吴基荣、崔吉宏、曹振涛、张建东、周家伟、管红滨、徐聪、曹文全、周隼等对全书进行了统稿。

由于笔者水平有限，书中不妥之处在所难免，敬请读者批评指正。

编著者

CONTENTS

目录

第 1 章 工艺管道检维修质量控制

1 工程概况

工艺管道检维修是中国石化西南油气分公司元坝净化厂装置检维修项目中的重要内容之一，工艺管道检维修质量控制主要是对施工过程和实体质量进行控制。

2 主要施工内容

（1）管道、阀门、法兰卡子的去除。

（2）检维修阀门的施工，主要包括阀门更换、阀门打压、阀门维修等。

（3）过滤器的清理。

（4）盲板的安装和恢复。

3 检维修改造项目工程特点、难点与控制措施

（1）工艺管道检维修面临工程点多、面广，工期紧，任务急，施工队伍多，深度交叉施工，工程质量管理难度大，高温、高压，以及质量要求高等特点和难点。

（2）针对以上特点和难点，要求参建单位在熟悉检维修任务的前提下，编制完善的质量计划/施工组织设计、检维修施工方案、施工工艺，并报监理和检维修改造指挥部审批。必须在停工检维修前完成所有方案、工艺的审批工作，以及作业人员进场前的所有技术、安全交底工作。

4 施工前准备

（1）根据检维修计划书和检维修施工内容，提出相应的材

料使用计划、机具使用计划、加工件计划和必要的加工图计划。

（2）对施工人员进行技术交底，了解生产工艺、检维修施工工艺、技术安全措施、规范要求、质量标准。

（3）在工程准备阶段，由施工技术人员完成现场挂牌工作。

（4）特殊工种作业人员和进场机具按要求登记并报验。

5　材料进场报验

（1）施工单位应及时领出各类材料，同时提供质量证明书或合格证，对无质量证明书或合格证的管道及管道组成件不得领用；在特殊情况下继续使用时，必须办理紧急放行手续。合金材料的管道组成件按《光谱检测管理规定》进行检测。

（2）以检维修施工计划书、施工工单为依据，并结合检维修现场具体情况，向材料供应部门提出用料计划和先后进场日期。

（3）材料进场后，及时进行检验并向监理报验。其材质、规格、型号、数量、尺寸、误差及外观缺陷均应符合有关规定。对没有质量证明书的材料和配件应取样并做理化分析，对不合格的材料不得验收和使用(图 1-1)。

6　施工质量控制措施

6.1　盲板安装与拆除

（1）安装盲板须指定专人负责，提前做好盲板的挂牌核查工作，对盲板进行统一编号。

（2）由车间人员提供盲板明细表，准备盲板和垫片。

（3）安装盲板的位置须由生产车间人员带领和指定位置，并在生产车间人员在场的情况下，进行盲板安装作业。

（4）在安装盲板前，需要给螺栓喷松动剂，以提高施工作业效率。

（5）在法兰螺栓拆除过程中，施工人员须注意避开法兰密封面，以防内部介质泄漏造成伤害。

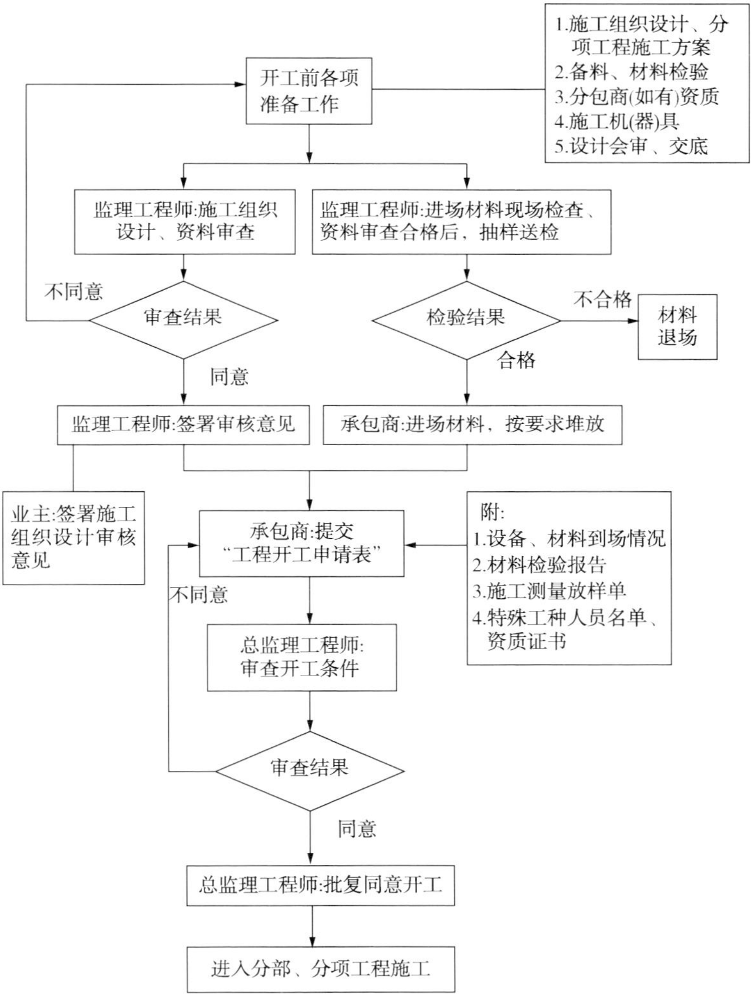

图 1-1　施工准备阶段质量控制程序图

（6）盲板在完成安装后，应挂好标识，以防检维修过程中作业人员误拆。

（7）盲板在完成安装后，由施工作业负责人、生产车间人员、专业组人员进行签字确认，并留存记录。

（8）装置在完成检维修后，仍由生产车间人员带领和指定位置，并进行盲板拆除作业。

（9）拆除盲板后，在法兰口位置加装正式垫片进行恢复，须按要求拧紧螺栓，并由生产车间人员、专业组人员进行现场签字确认。

6.2 管道、阀门、法兰卡子去除

（1）在工程准备阶段，由施工技术人员完成现场挂牌工作，标牌要体现施工对象名称、材质、施工状态、施工人员，并有相应表格统计。

（2）对于只进行垫片更换和阀门更换的项目，先将堵漏卡具去除，清理、检查法兰面，经生产车间人员、专业组人员检查确认后，再安装阀门、垫片、螺栓，安装的阀门规格、型号必须经生产车间人员确认。

（3）对于需要焊接处理的项目，必须由施工人员确认管道的材质、规格，并确定焊接工艺、焊接材料。

（4）对于进行整体管段更换的项目，在装置停车前完成管段预制施工。

（5）对所有需要焊接的管道，由施工人员提前绘制管道焊口布置图，并由监理单位人员确认焊口的无损检测比例。

（6）装置停车后，车间人员对管道内的介质进行吹扫、置换，确保拆除过程中的安全，在业主方确认可以进行拆除工作后，施工作业人员才能进行拆除工作。

（7）管道拆除后，需要生产车间、监理单位负责人确认是否利旧。

（8）对利旧使用的管道坡口要重新切割、打磨，对特殊材质的焊口在焊接前应对坡口进行自检或无损检测，合格后才能进行下道工序。

（9）管道安装前，检查、核对材料的规格、型号、尺寸及材质标识。对预制段、组合件壁厚不均、管端椭圆（在规范偏差允许范围之内）进行校正，检查管道组成件及预制段的外观情况，其表面不得存在电弧擦伤及其他机械损伤。

（10）管道安装前，应逐件检查管道预制件及管道组成件内部的清洁情况，可采用空气吹扫的方法将其内部脏物清除干净。

（11）管道预制时，必须根据现场需要的尺寸切割预制段余量，并进行坡口加工。新、旧管线接头处，应留足够的余量。在原管道上做好割口标识，根据该标识确定余留的下料尺寸，当进行连接时，须保证一次性连接完成。

（12）与设备连接的第一道法兰在安装时，应加临时盲垫予以隔离，严防脏物进入设备。盲垫标记要明显，在管道安装结束时，立即将盲垫拆除。

（13）搬运、吊装阀门时，严禁在手轮或手柄上捆绑绳扣，注意保护手轮，防止造成碰撞或冲击。在地面、工作平台上的阀门手轮的转动方向要便于操作。安装大型阀门前，预先安装好有关的支架，不得将阀门重量附加在设备和管道上。

（14）针对管道吊装后的现场焊口焊接，施工前须做好高处作业的保护措施，高空焊接用石棉布在脚手架或焊道下方的管道上设隔离层，避免火花烫伤其他员工或污染其他管道。现场焊口焊接时，须垫置牢固、定位可靠，防止焊接时产生变形。

（15）管道上的开孔在安装前完成。当必须在已安装的管道上开孔时，宜用机械钻孔，并及时将开孔后管内因切割、钻孔而产生的异物清除干净。

（16）检查法兰面是否彻底干净，密封面是否完好。法兰连接应与管道同心，并应保证螺栓自由穿入，法兰螺栓孔应跨中安装，法兰间应保持平行，其偏差不得大于法兰外径的1.5‰，且不得大于2mm。不得用强力紧螺栓的方法消除歪斜。

（17）在安装已进行了应力消除的管道时，应避免加热、锤击或其他可能导致应力集中的作业。

6.3　焊接准备

（1）对所有需要焊接的管道，均由施工人员提前绘制管道焊口布置图。

（2）对焊接材料的选择，施工单位应按照设计文件的要求进行选用，当设计文件没有明确要求时，应按照已审批的《焊接工艺评定报告》及《焊接作业指导书》的要求选用。

（3）焊接材料应具有出厂合格证和质量证明文件，且实物与证书上的批号相符。

（4）焊接相关人员职责如下：

① 焊接工程师依据《焊接工艺评定报告》编制焊接工艺卡，并对所有焊接人员进行交底，指导焊工严格按焊接工艺卡的要求施焊。

② 设立专职现场焊接质检员，根据焊接标准规范和焊接技术措施对现场焊接工作进行全面检查和监督，并有权停止违反焊接规范和技术文件要求的焊接作业。

③ 焊接记录员应配备焊缝检测尺、测温仪及其他记录工具，按要求测量并记录焊接读数，焊接工程师对记录进行检查并确认。

④ 焊工必须在已批准的《焊接工艺评定报告》和相关强制性规范条文的约束下施工。

6.4　工艺管道焊接要求

1. 施焊环境要求

应符合下列规定：

（1）焊接的环境温度应能保证焊件焊接所需的足够温度和焊工技能不受影响，焊接的环境温度应高于下列温度，否则要采取措施提高焊接的环境温度，以满足焊接工艺要求：

① 非合金钢焊接：-20℃。

② 低合金钢焊接：-10℃。

③ 奥氏体不锈钢焊接：-5℃。

④ 其他合金钢焊接：0℃。

（2）焊接时的风速不应超过下列规定风速，当超过规定风速时，应有防风设施：

① 手工电弧焊、埋弧焊、氧乙炔焊：8m/s。

② 氩弧焊、二氧化碳气体保护焊：2m/s。

（3）焊接电弧1m范围内的相对湿度应符合下列规定：

① 铝及铝合金焊接：≤80%。

② 其他材料焊接：≤90%。

（4）当焊件表面潮湿、覆盖有冰雪，或在下雨、下雪、刮风期间，以及焊工及焊件无保护措施时，不应进行焊接作业。

2. 焊接施工工艺要求

含碳量小于或等于0.3%的碳素钢、低合金结构钢、低温钢、耐热钢、不锈钢、耐热耐蚀高合金钢现场焊接设备和管道的手工电弧焊、氩弧焊、二氧化碳气体保护焊、埋弧焊及氧乙炔焊焊接施工工艺应符合下列规定：

（1）焊缝的设置应避开应力集中区，以便于焊接和热处理，并应符合下列规定：

① 钢板卷管或设备、容器的筒节与筒节、筒节与封头组对时，相邻两纵向焊缝间的距离应大于壁厚的3倍，且不应小于100mm，同一筒节上两相邻纵向焊缝间的距离不应小于200mm。

② 除焊接及成型管件外的其他管道，对接焊缝的中心到管道弯曲起点的距离不应小于管道外径，且不应小于100mm，管道对接焊缝与支架、吊架边缘之间的距离不应小于50mm；同一直管段上两对接焊缝中心面间的距离，当公称直径大于或等于150mm时不应小于150mm，当公称直径小于150mm时不应小于管道外径。

③ 不宜在焊缝及其边缘上开孔，当不可避免地须开孔时，应符合《现场设备、工业管道焊接工程施工及验收规范》（GB 50236—1998）第11.3.9条的规定。

（2）焊缝的坡口形式和尺寸应符合设计文件和《焊接作业指导书》的规定，当无规定时，埋弧焊焊缝坡口形式及尺寸应符合现行国家标准，埋弧焊焊缝坡口的基本形式与尺寸符合《埋弧焊焊缝坡口的基本形式和尺寸》(GB/T 986—1988)的规定；其他焊缝坡口形式和尺寸应符合《现场设备、工业管道焊接工程施工及验收规范》(GB 50236—1998)规范附录 C 第 C. 0. 1 条的规定。

(3) 焊接工艺要求：焊条、焊丝的选用，应按照母材的化学成分、力学性能、焊接接头的抗裂性、焊前预热、焊后热处理、使用条件及施工条件等因素综合确定，且应符合下列规定：

① 焊接工艺性能应良好。

② 同种钢材焊接时，焊缝金属的性能和化学成分应与母材相当。

③ 低温钢应选用与母材的使用温度相适应的焊材。

④ 耐热耐蚀高合金钢，可选用镍基焊材。但首先应满足设计文件的规定。

⑤ 碳素钢及合金钢焊接材料的选用，宜符合《现场设备、工业管道焊接工程施工及验收规范》(GB 50236—1998)规范附录 D 第 D. 0. 1 条及第 D. 0. 2 条的规定。

(4) 定位焊缝应符合下列规定：

① 焊接定位焊缝时，应采用与根部焊道相同的焊接材料和焊接工艺，并应由合格焊工施焊。

② 定位焊缝的长度、厚度和间距，应能保证焊缝在正式焊接过程中不致开裂。

③ 在焊接根部焊道前，应对定位焊缝进行检查。当发现缺陷时，应进行处理后方可施焊。

④ 与母材焊接的工(卡)具，其材质宜与母材相同或具有同一类别号。拆除工(卡)具时，不应损伤母材；拆除工(卡)具后，应将残留焊疤打磨、修整至与母材表面齐平。

(5) 严禁在坡口之外的母材表面引弧和试验电流，并应防止电弧擦伤母材。

（6）对含铬量大于或等于3%或合金元素总含量大于5%的焊件进行氩弧焊打底焊接时，焊缝内侧应充氩气或其他保护气体，或采取其他防止内侧焊缝金属被氧化的措施。同时，保护气体要符合下列要求：

① 手工钨极氩弧焊宜采用铈钨极或钍钨极。

② 氩气的纯度不应低于99.96%。

③ 二氧化碳气体保护焊采用的二氧化碳气体纯度不应低于99.5%，含水量不应超过0.005%，且在使用前应进行预热和干燥。

④ 当瓶内气体压力低于0.98MPa时，应停止使用。

3. 焊接过程要求

焊接时，应采取合理的施焊方法和施焊顺序。

施焊过程中，应保证起弧处和收弧处的焊接质量。收弧时，应将弧坑填满，多层焊的层间接头应错开。

4. 不锈钢焊接要求

由于不锈钢管导热系数小、线膨胀系数大和熔池流动性差的特点，加之壁薄、刚度小，在同样的热输入条件下，与厚壁管相比，其更容易出现变形、未熔合、焊瘤、内凹等焊接缺陷。因此，要严格按照以下工艺要求施工：

（1）焊接时，应尽量采用小线能量、短弧焊、小摆动的操作方法。

（2）对底层焊道的焊接宜采用钨极氩弧焊，对其余焊道可根据《焊接作业指导书》的要求，采用钨极氩弧焊、埋弧焊或手工电弧焊。对较薄壁管宜采用全钨极氩弧焊。

（3）多层焊时，宜采用多道焊；层间温度宜控制在100℃以下；每一焊道完成后，均应彻底清除焊道表面的熔渣，并消除表面缺陷；每层焊道的接头应错开。

（4）在坡口设计上，坡口角度应偏大一些，钝边厚度不宜小于1mm，定位焊后的间隙应以控制在2~3mm为宜，衬底焊接时应从小间隙处开始。采用电弧焊时，焊接接头组对前，应在坡口两侧 100mm 范围内刷白垩粉。

（5）焊件表面严禁电弧擦伤，并严禁在焊件表面引弧、收弧；焊接完毕后，必须及时将焊缝表面的熔渣及周围的飞溅物清理干净。

（6）根据有关设计文件和管道等级要求，对焊缝有消除应力要求的管道焊接，应选用有热处理要求的《焊接作业指导书》。

5. 铬钼钢焊接要求

（1）施焊前，应根据规范要求进行预热，应采用电加热方法，并在坡口两侧均匀进行预热，防止出现局部过热。

（2）预热范围以对口中心线为基准，两侧各不小于 3 倍壁厚，且不小于 100mm，加热区以外的 100mm 范围内以保温为宜。用触点式测温仪测量预热温度，当检测预热温度达到 150～200℃（材质为 A335-P11）、250～350℃（材质为 1Cr5Mo）时，应立即进行底层焊道的焊接且应一次连续焊完。底层焊道焊完后，应立即进行下一层的焊接且应连续焊完，若焊后有热处理要求的焊缝因故中断焊接时，应立即进行温度为 300～350℃、时间为 15～30min 的后热处理且保温缓冷，并对焊缝进行检查，在确认无裂纹等缺陷后方可按原焊接工艺规程继续焊接。

（3）在进行对接接头的底层焊道单面焊接时，宜采用钨极氩弧焊，也可采用打底焊条手工焊。

（4）对铬钼钢管道采用钨极氩弧焊并用奥氏体焊材焊接时，焊缝的背面应充氩气保护；但当含 Cr 量大于 3%或合金元素总含量大于 5%（如 1Cr5Mo）管道单面钨极氩弧焊打底焊时，焊缝内侧也应充氩气保护。

（5）多层焊接时，层间温度应等于或略高于预热温度，应将每层焊缝接头错开。

（6）焊接时，应在坡口内回焊引弧，严禁在非焊接部位引弧。

（7）焊工焊完口后，应立即进行自检，并打磨焊缝使之变得圆滑。若焊口外观有缺陷，要立即进行补焊、修整，合格后进行焊后后热或热处理。

（8）根据《焊接作业指导书》要求，采用多层单道或者多道的焊接方法，当每层焊道完成后，均应彻底清除焊道表面的熔渣，并消除各种表面缺陷，再进行下一层焊接，应将每层焊道接头错开。

（9）焊接中，应确保引弧处与收弧处的焊接质量，收弧应填满弧坑，并用砂轮将收弧处修磨平整。

（10）充氩气时，氩气的流量要严格控制好，在正式焊接前，按现场充氩气保护情况进行试验，以确定背面保护氩气流量的大小。

6. 焊缝返修要求

（1）对焊后经检测不合格的焊口必须予以返修，返修时应采用经评定合格的焊接工艺。对有预热要求的，预热温度应取上限，预热范围宜适当扩大。

（2）当焊后检测出裂纹及其他缺陷时，焊工应首先分析该缺陷产生的原因，再进行返修。

（3）返修焊缝标位应由探伤人员进行，并标出缺陷的具体位置。

（4）消除缺陷可采用砂轮打磨或碳弧气刨的方法，须将磨槽或刨槽修整成适合补焊的形状，并经着色检测确认缺陷已被清除后再补焊。

（5）返修焊缝应在热处理前进行，当已完成热处理的焊接接头发生焊缝返修时，返修后应重新进行热处理。

（6）对同一部位的返修次数，非合金钢管道返修不得超过三次，其余钢种管道返修不得超过两次，二次返修须经施工单位技术总负责人批准后方可实施，并将焊缝返修次数、部位和无损检测等结果记入焊缝返修记录中，对返修后的焊缝仍按原规定方法进行检测和评定。

6.5 焊后后热及热处理

6.5.1 焊后后热

对易产生延迟裂纹的焊接接头(如铬钼钢管道)，焊接时应严格保持层间温度。对焊后不能立即进行热处理的焊口，应立即进行后热，并均匀加热到300～350℃保温缓冷，后热采用电加热方式，加热时间为15～30min。

6.5.2 焊后热处理

(1) 对有热处理要求的焊缝，焊后应立即进行热处理，热处理采用电加热方法，热处理前将加热区表面的油脂清洗干净，热处理过程中应能准确地控制加热温度且使焊件温度分布均匀。

(2) 热处理的加热范围以焊缝中心为基准，焊缝两侧的加热宽度均不小于焊缝宽度的3倍且不小于25mm。在加热区以外的100mm范围，应予以保温。

(3) 温度控制应准确，热处理过程中恒温温度偏差不应超过±25℃，且不超过热处理温度范围。测温元件采用热电偶，并用自动记录仪记录热处理曲线，将测温点设在加热区且不少于一个。

(4) 在进行焊接接头热处理后，首先应确认热处理曲线，然后在焊缝及热影响区各取一点测定硬度值。抽检数不得少于焊接接头数量的20%，且不集中于一处。

(5) 热处理后焊缝的硬度值，不宜超过母材标准布氏硬度值加100HB，且应符合下列规定：

① 合金总含量小于3%，不大于270HB。

② 合金总含量为3%～10%，不大于300HB。

③ 合金总含量大于10%，不大于350HB。

(6) 当热处理自动记录曲线异常，且被查部件的硬度值超过规定范围时，应按班次做加倍复检，并查明原因。对不合格焊接接头，应重新进行热处理。

(7) 热处理参数见表1-1。

表 1-1　热处理参数

<table>
<tr><th>材质</th><th>升温速度</th><th>热处理温度/℃</th><th>恒温时间/h</th><th>冷却速度</th></tr>
<tr><td>碳钢（δ≥30mm 或有消除应力要求的任意壁厚管道）</td><td>300℃以下可适当控制，300℃以上不得大于220℃/h</td><td>600~650</td><td rowspan="4">≥1</td><td>300℃以上不得大于 260℃/h，300℃以下自然冷却</td></tr>
<tr><td>1Cr5Mo（任意壁厚）</td><td rowspan="2">300℃以下不控制，300℃以上不得大于220℃/h</td><td>750~780</td><td rowspan="2">300℃以上不得大于 275℃/h，300℃以下自然冷却</td></tr>
<tr><td>P11（δ≥10mm 或有消除应力要求的任意壁厚管道）</td><td>650~700</td></tr>
<tr><td>TP321</td><td>300℃以下不控制，300℃以上120~180℃/h</td><td>900±25（稳定化热处理）</td><td>300℃以上 100~180℃/h，300℃以下自然冷却</td></tr>
</table>

6.6　阀门的清洗、维修、更换

（1）对于更换阀门盘根，应先打开压盖，确认盘根形式，选择要更换的盘根材料，盘根安装接口应相互交错安装；盘根安装后，应将阀门压盖重新安装、压紧。

（2）对于所有进行密封面修理的阀门，应先进行密封压力试验，检查阀门泄漏点，在确认泄漏位置后，再有针对性地进行阀门修理和研磨，修理和研磨完成后，应通过阀门试压检查和验收。

① 将拆卸下来的零部件清洗、吹干。

② 仔细检查阀座和阀瓣的密封面，如有轻微损伤，则可以进行研磨修复，若损伤程度较大，则视情况选择是否进行机加工、研磨或报废。

③ 对于其他零部件，则须根据损坏程度，确定要修复或更换的备件。阀门大盖密封垫片必须全部更换为新的密封垫片，且使用不锈钢带/柔性石墨垫片；阀门填料用石墨环，螺栓用35CrMoA/30CrMoA。在阀杆传动部位涂上润滑脂。在以上工作

进行完后，须按照拆卸工作的相反顺序进行回装。

④ 对解体维修后的阀门必须进行试压、试验。

6.7 阀门试压

(1) 在安装阀门前，应逐个对阀体进行液体压力试验，且试验压力为公称压力的 1.5 倍，停压 5min，以阀体无泄漏为合格。

(2) 对具有上密封结构的阀门，应逐个对上密封进行试验，试验压力为公称压力的 1.1 倍。试验时，应关闭上密封面，并松开填料压盖，停压 4min，以上密封无渗漏为合格。

(3) 阀门液体压力试验和上密封试验应以洁净水为介质。在进行不锈钢阀门液体压力试验时，水中的氯离子含量不得超过100mg/L，在试验合格后，应立即将阀门上的水渍清理干净。

(4) 对试压合格的阀门必须贴合格标识。

6.8 安全阀的拆除与安装

(1) 在管道检维修改造中，对拆除的安全阀应由专人保管，并实行统一编号、挂牌。挂牌内容至少包含自编安全阀号、管线编号、安全阀位置、拆除时间，并将其在相应的单线图上标出。

(2) 无论是新安全阀，还是拆除后利旧的安全阀，均必须送到业主指定的有资质的校验机构进行校验。

(3) 安全阀类型、设计压力、整定压力应符合《固定式压力容器安全技术监察规程》(TSG R0004—2009)的要求。

(4) 安全阀应铅直地安装在压力容器液面以上的气相空间中，或者装设在与压力容器气相空间相邻的管道上。

(5) 安全阀整定压力的调整。在校验新安全阀过程中，如发现整定压力不准，通过旋转调整螺钉可以提高或降低整定压力。旋转调整螺钉时，应用扳手固定阀杆，以防阀杆、阀瓣跟着旋转而影响对中性或损坏密封面。调整时，应降低进口压力，以防可能发生的气体或液体突然排放。每次调整后，都应拧紧螺母。整定压力调好后，应拧紧锁紧螺母，并装上阀帽。

（6）铅封。当安全阀的调整工作全部结束后，应对阀帽和定位螺钉加以铅封，以防止随意改变安全阀的调整螺钉和调节圈的位置。在存放安全阀的过程中，安全阀的进口和出口均应用堵盖封严。

注：对新工程或新装置用的新安全阀可以不进行解体而直接试起跳压力。

（7）安全阀解体研磨后，须重新整定调压，调压值按业主给定数值设定。

（8）安全阀调试工作介质为气体，可采用空气或惰性气体。

（9）调压时，压力应达到稳定状态，对每个安全阀开展不少于3次启闭试验。

6.9　管道焊缝无损检测

（1）对进行无损检测的管道，应在单线图上标明焊缝编号、焊工代号、焊接位置、无损检测方法、返修焊缝位置、扩探焊缝位置等可追溯性标识。此外，进行焊接接头热处理的管道，还应在单线图上标明热处理及硬度试验的焊缝编号。

（2）管道焊接接头的无损检测应按《承压设备无损检测》（JB 4730）进行焊缝缺陷等级评定，并符合下列要求：

① 射线检测时，射线透照质量技术等级不得低于AB级，焊接接头经射线检测后的合格等级应符合《石油化工有毒、可燃介质管道工程施工及验收规范》（SH 3501—2002）的规定。

② 超声波检测时，管道焊接接头经检测后的合格标准如下：

a. 规定100%进行超声波检测的焊接接头Ⅰ级为合格。

b. 局部进行超声波检测的焊接接头Ⅱ级为合格。

c. 磁粉检测和渗透检测的焊接接头Ⅰ级为合格。

(3) 每名焊工焊接的对接焊焊接接头的射线检测百分比应符合《石油化工有毒、可燃介质管道工程施工及验收规范》(SH 3501—2002)的规定，并在被检测的焊接接头中，固定焊的焊接接头不得少于检测数量的40%，且不少于1个焊接接头，射线检测百分比计算原则如下：

① 按设计文件给出的同管道级别、同检测比例、同材料类别的管线编号计算。

② 当管道公称直径小于500mm时，按焊接接头数量计算。

③ 当管道公称直径等于或大于500mm时，按每个焊接接头的焊缝长度计算。

(4) 每名焊工焊接的标准抗拉强度下限值≥540MPa的钢材、设计温度低于-29℃的非奥氏体不锈钢、Cr-Mo低合金钢管道，其承插和焊接支管的焊接接头及其他角焊缝，应采用磁粉检测或渗透检测方法检查焊缝的表面质量，检测百分比按《石油化工有毒、可燃介质管道工程施工及验收规范》(SH 3501—2002)的规定执行。

(5) 无损检测时，当设计文件中规定采用超声波检测时，应按设计文件中规定执行；当设计文件中规定采用射线检测但由于条件限制须改用超声波检测时，应征得设计单位同意。

(6) 不合格的焊缝同一部位的返修次数，非合金钢管道不得超过三次，其余钢种管道不得超过两次。

(7) 在进行焊接接头抽样检验时，若有不合格焊接接头，应按该焊工的不合格数加倍检验，若仍有不合格焊接接头，则应全部检验。

6.10 工艺管道检维修改造质量控制措施

6.10.1 专业管理行为

见表1-2。

表 1-2　专业管理行业

检查项目	检查内容	有关要求	条款依据代码及出处
材料与管道组成件	所用材料与管道组成件是否按规定进行了检查、检验	管线所用原材料必须有质量证明资料，对规定复查或试验、检验的材料，应有复查或试验、检验资料	GB 50235—1997，3.0.1~3.0.11
		对设计文件中有低温冲击值要求的材料，产品质量证明文件应有低温冲击韧性试验值，否则应按《金属材料夏比摆锤冲击试验方法》(GB/T 229)的规定进行补项试验	SH 3501—2002，5.1.6
		必须具有阀门质量证明文件。阀体上应有制造厂铭牌，铭牌和阀体上的标识应符合《通用阀门标识》(GB/T 12220—1989)的规定	SH/T 3518—2000，2.1.1
		必须具有管道组成件质量证明文件，不得使用无质量证明文件的产品。使用前，应对质量证明文件进行审查，并与实物核对。若到货的管道组成件实物标识不清，或与质量证明文件不符，或对产品质量证明文件中的特性数据或检验结果有异议，供货方应按标准作验证性检验或追溯到产品制造单位。在异议未解决前，该批产品不得被使用	SH 3501—2002，5.1.3
		在使用管道组成件前，应进行组成件外观检查，其表面质量应符合相应产品标准的规定，不得使用不合格产品	SH 3501—2002，5.1.4
		对合金钢管道组成件主体的关键合金成分，应根据规范规定的比例，采用光谱分析或其他方法进行半定量分析复查，并做好标识	SH 3501—2002，5.1.5

续表

检查项目	检查内容	有关要求	条款依据代码及出处
材料与管道组成件	所用材料与管道组成件是否按规定进行了检查、检验	对管道质量证明文件的检查应包括以下内容：①产品标准号。②钢的牌号。③炉罐号、批号、交货状态、质量和件数。④品种名称、规格及质量等级。⑤产品标准和订货合同中规定的各项检验结果。⑥制造厂检验印记	SH 3501—2002，5.2.2
		若到货管道钢的牌号、炉罐号、批号、交货状态与质量证明文件不符，则该批管道不得被使用	SH 3501—2002，5.2.3
		对有耐晶间腐蚀要求的管道，产品质量证明文件中应注明晶间腐蚀试验结果，否则应按《金属和合金的腐蚀和奥氏体及铁素体-奥氏体不锈钢晶间腐蚀试验方法》(GB/T 4334—2020)中的有关规定，进行补项检验	SH 3501—2002，5.2.4
		输送毒性程度为极度危害和高度危害介质管道的质量证明文件中应有超声波检测结果，否则应按《无缝和焊接钢管纵向和/或横向缺欠的全圆周自动超声检测》(GB/T 5777—2019)的规定，逐根进行检查	SH 3501—2002，5.2.5
		应核对其他管道组成件的产品质量证明文件，且下列项目应符合产品标准的要求：①化学成分及力学性能。②合金钢锻件的金相分析结果。③热处理结果及焊缝无损检测报告	SH 3501—2002，5.4.1
		管件的表面不得有裂纹，外观应光滑、无氧化皮，表面的其他缺陷不得超过产品标准规定的允许深度。坡口、螺纹加工精度应符合产品标准的要求。焊接管件的焊缝应成型良好，且与母材圆滑过渡，不得有裂纹、未焊透、咬边等缺陷	SH 3501—2002，5.4.3

续表

检查项目	检查内容	有关要求	条款依据代码及出处
材料与管道组成件	材料的存放、保管是否符合规定的要求	应妥善保管管道组成件、支撑件，不得将其混淆或损坏，其色标或标记应明显、清晰。对暂不能安装的管道，应封闭其管口	GB 50235—1997，3.0.14
		应分区存放管道组成件，且不锈钢管道组成件不得与非合金钢、低合金钢接触	SH 3501—2002，5.1.8
	不合格样品的处置	凡按照规定抽样检查或检验的样品中，若有一件样品不合格，必须按照原规定数加倍抽检，若仍有不合格样品，则该批管道组成件不得被使用，并应做好标识和隔离	SH 3501—2002，5.1.7
交工技术文件与施工记录	交工技术文件或施工记录是否按规定提交	工程交工前，应按照《石油化工建设工程项目交工技术文件规定》(SH/T 3503—2007)和《石油化工建设工程项目施工过程技术文件规定》(SH/T 3543—2007)的要求提交相关技术文件	SH/T 3503—2007；SH/T 3543—2007

6.10.2　管道安装

见表1-3。

表1-3　管道安装检查

检查项目	检查内容	有关要求	条款依据代码及出处
管道检验与修磨	钢管表面质量	钢管的表面质量应符合下列规定：①钢管内表面、外表面不得有裂纹、折叠、发纹、离层、结疤等缺陷。②钢管表面的锈蚀、凹陷、划痕及其他机械损伤的深度，不应超过相应产品标准允许的壁厚偏差。③钢管端部螺纹、坡口的加工精度及粗糙度应达到设计文件或制造标准的要求。④有符合产品标准规定的标识	SH 3501—2002，5.2.6

续表

检查项目	检查内容	有关要求	条款依据代码及出处
管道检验与修磨	管道磁粉检测或渗透检测	①SHA级管道中，设计压力等于或大于10MPa的管道，其外表面应按下列方法逐根进行无损检测，检测方法和缺陷评定应符合《承压设备无损检测》(JB 4730)的规定，检验结果以Ⅰ级为合格：a. 对外径大于12mm的导磁性钢管，应采用磁粉检测。b. 对非导磁性钢管，应采用渗透检测。②SHA级管道中，设计压力小于10MPa的输送极度危害介质(苯除外)的管道，每批(指同批号、同炉罐号、同材质、同规格)应抽检管道数量的5%且不少于1根，按①条规定的方法和评定标准进行外表面磁粉检测或渗透检测，检验结果以Ⅱ级为合格。抽样检验若有一件样品不合格，必须按原规定数加倍抽检，若仍有不合格样品，则该批管道不能被使用，并应做好标识和隔离	SH 3501—2002，5.2.7~5.2.8
	管道表面缺陷修磨	管道经磁粉检测或渗透检测发现的表面缺陷允许被修磨，修磨后的管道实际壁厚不得小于管道公称壁厚的90%，且不得小于设计文件中规定的最小壁厚	SH 3501—2002，5.2.9
支架、吊架	支架、吊架安装	支架、吊架位置应正确，安装应牢固，管道与支承面接触应良好	SH 3501—2002，6.2.18、6.2.20、6.2.23~6.2.25
		无热位移管道的管道吊架，其吊杆应垂直安装。有热位移管道的管道吊架，其吊点应在位移的相反方向，并按位移值的1/2偏位安装	

续表

检查项目	检查内容	有关要求	条款依据代码及出处
支架、吊架	支架、吊架安装	固定支架和限位支架应严格按设计文件要求安装。固定支架应在补偿装置预拉伸和预压缩前被固定	SH 3501—2002，6.2.18、6.2.20、6.2.23~6.2.25
		导向支架或滑动支架的滑动面应洁净、平整，不得有歪斜和卡涩现象，且隔热层不得妨碍其位移	
		弹簧支架、吊架的弹簧安装高度，应按设计文件规定安装和调整，弹簧支架的限位板应在试车前被拆除	
		焊接支架、吊架时，焊缝不得有漏焊、裂纹、高度和长度不够等缺陷，焊接支架与管道时，管道表面不得有咬边现象	
		安装管道时，不宜使用临时支架、吊架。当使用临时支架、吊架时，不得将其焊在管道上。管道安装完毕后，应及时更换成正式支架、吊架	
		管道安装完毕后，应按设计文件逐个核对、确认支架、吊架的形式和位置	
其他管道组成件(不包括管道、阀门)	管件外表面	管件外表面应有制造厂代号(商标)、规格、材料牌号和批号等标识，并与质量证明文件相符，否则不得使用	SH 3501—2002，5.4.2

续表

检查项目	检查内容	有关要求	条款依据代码及出处
其他管道组成件（不包括管道、阀门）	快速光谱分析	①对设计压力等于或大于10MPa管道用的合金钢螺栓、螺母，应逐件进行快速光谱分析，每批应抽2件进行硬度检验，若有不合格样品，每批必须抽检4件，若仍有不合格样品，则该批螺栓、螺母不得被使用，并应做好标识和隔离。	SH 3501—2002，5.1.7、5.4.6
		②对设计温度低于-29℃的低温管道合金钢螺栓、螺母，应逐件进行快速光谱分析检验，每批应抽2根螺栓进行低温冲击性能检验。若有不合格样品，必须抽检4件，若仍有不合格样品，则该批螺栓不得被使用	SH 3501—2002，5.1.7、5.4.7
		对其他合金钢管道组成件的快速光谱分析，每批应抽检管道数量的5%且不少于1根。若有不合格样品，必须按原规定数加倍抽检，若仍有不合格样品，则该批管道组成件不得被使用	SH 3501—2002，5.4.8
	法兰密封面检查	法兰密封面不得有径向划痕等缺陷	SH 3501—2002，5.4.11
阀门	钢制通用阀门检验	对设计文件中要求做低温密封试验的阀门，应有制造单位的低温密封性试验合格证明书	SH 3501—2002，5.3.1
		用于SHA级管道的通用阀门，其焊缝或阀体、阀盖的铸钢件应有符合《石油化工钢制通用阀门选用、检验及验收》（SH 3064）规定的无损检测合格证明书	SH 3501—2002，5.3.2
		安装阀门前，应按设计文件中的“阀门规格书”，对阀门的阀体、密封面及有特殊要求的垫片和填料的材质进行抽检，每批至少抽查1件；对合金钢阀门的阀体，应逐件进行光谱分析。若不符合要求，该批阀门不得被使用	SH 3501—2002，5.3.3

续表

检查项目	检查内容	有关要求	条款依据代码及出处
阀门	钢制通用阀门检验	安装阀门前，应逐个对阀体进行液体压力试验，试验压力为公称压力的 1.5 倍，停压 5min，以阀体无泄漏为合格	SH 3501—2002，5.3.5
		对具有上密封结构的阀门，应逐个对上密封进行试验，试验压力为公称压力的 1.1 倍。试验时，应关闭上密封面，并松开填料压盖，停压 4min，以阀门无渗漏为合格	SH 3501—2002，5.3.6
		阀门液体压力试验和上密封试验应以洁净水为介质。在进行不锈钢阀门液体压力试验时，水中的氯离子含量不得超过 100mg/L，试验合格后，应立即将阀门上水渍清理干净	SH 3501—2002，5.3.7
		凡按《石油化工钢制通用阀门选用、检验及验收》（SH 3064）或 API 标准制造并有相应认证标志，且用户至制造厂监造和验收的阀门，每批可按阀门数量的 5%且不少于 1 个进行抽检，若有不合格样品，必须按原规定数加倍抽检，若仍有不合格样品，则该批阀门不得被使用	SH 3501—2002，5.1.7、5.3.9
	安全阀和爆破片	安全阀类型、设计压力、整定压力应符合《固定式压力容器安全技术监察规程》（TSG R0004—2009）要求	《固定式压力容器安全技术监察规程》，8.3.2
		新安全阀应当在校验合格后才能被安装使用	《固定式压力容器安全技术监察规程》，8.3.5
		安全阀应被铅直地安装在压力容器液面以上的气相空间，或者装设在与压力容器气相空间相邻的管道上	《固定式压力容器安全技术监察规程》，8.3.5

续表

检查项目	检查内容	有关要求	条款依据代码及出处
阀门	安全阀和爆破片	对安全阀按设计文件规定的开启压力进行调试，调压时压力应平稳，启闭试验不得少于3次，调试合格后，应及时进行铅封。对试验合格的阀门，应作出标识，并应填写调试记录	SH 3501—2002，5.3.10、5.3.11
		对易燃和毒性程度为极度、高度或中度危害介质的压力容器，应在安全阀或爆破片的排出口装设导管，将排放介质引至安全地点，并进行妥善处理，不得直接排入大气	《固定式压力容器安全技术监察规程》，8.2
		安全阀的整定压力一般不大于该压力容器的设计压力。对设计图样或者铭牌上标注有最高允许工作压力的，也可以采用最高允许工作压力确定安全阀的整定压力	《固定式压力容器安全技术监察规程》，8.3.2
		杠杆式安全阀应有防止重锤自由移动的装置和限制杠杆越出的导架；弹簧式安全阀应有防止随便拧动调整螺丝的铅封装置；静重式安全阀应有防止重片飞脱的装置	《固定式压力容器安全技术监察规程》，8.3.4
		对于盛装毒性程度为极度、高度、中度危害介质，易燃介质，以及腐蚀、黏性介质或者贵重介质的压力容器，安全阀的清洗与更换，须经过使用单位主管压力容器安全技术负责人批准，并且制定可靠的防范措施后，方可在安全阀(爆破片装置)与压力容器之间装设截止阀门。压力容器正常运行期间，截止阀门必须保证全开(加铅封或者锁定)，截止阀门的结构和通径不得妨碍安全阀的安全泄放	《固定式压力容器安全技术监察规程》，8.3.5

续表

检查项目	检查内容	有关要求	条款依据代码及出处
静电接地	导线跨接	对有静电接地要求的管道，各段间应导电良好。当每对法兰或螺纹接头间电阻值大于0.03Ω时，应有导线跨接	SH 3501—2002，6.2.13
	管道系统静电接地	管道系统静电接地引线，宜采用焊接形式。对地电阻值及接地位置应符合设计文件要求	SH 3501—2002，6.2.14
		当管道系统的对地电阻值超过100Ω时，应设两处接地引线	GB 50235—1997，6.12.2
	静电接地的材料或零件	用作静电接地的材料或零件，在安装前不得刷油。对导电接触面必须进行除锈，并确保连接可靠	SH 3501—2002，6.2.15
	不锈钢管道静电接地形式	对有静电接地要求的钛管道及不锈钢管道，导线跨接或接地引线不得与钛管道及不锈钢管道直接连接。应采用钛板及不锈钢板过渡	GB 50235—1997，6.12.3
	管道静电接地测试记录	管道静电接地安装完毕并测试合格后，应及时填写管道静电接地测试记录	SH 3501—2002，6.2.17
管道预制	管道预制	管道预制加工应按现场审查确认的设计单线图或依据管道平面图、剖面图中绘制的单线图进行，预制加工图上应标注管线编号、现场组焊位置和调节裕量	SH 3501—2002，6.1.1
		在管道预制过程中的每一道工序中，均应核对管道的标识，并做好标识的移植。对不锈钢管道、低温钢管道，不得使用钢印作标识	SH 3501—2002，6.1.2

续表

检查项目	检查内容	有关要求	条款依据代码及出处
管道预制	预制标识	检验合格后的管道预制件应有标识，并封闭其端口，其内部不得有砂土、铁屑、熔渣及其他杂物，存放时应防止被损伤和污染	SH 3501—2002，6.1.11
管道焊接	一般规定	施焊前，应根据《焊接工艺评定报告》编制《焊接作业指导书》。焊工应按批准的《焊接作业指导书》施焊	SH 3501—2002，7.1.1
		焊接材料应具有产品质量证明文件，且实物与证明文件上的批号相符，在进行外观检查时，焊条的药皮不得有受潮、脱落或明显裂纹。在使用焊丝前，应清除其表面的油污、锈蚀等。焊条应按其说明书或《焊接作业指导书》的要求进行烘烤，并在使用过程中保持干燥。对出厂期超过 1 年的焊条，应进行焊条焊接工艺性能试验，合格后方可使用	SH 3501—2002，7.1.2
		当焊接环境温度低于下列要求时，应采取提高焊接环境温度的措施：①非合金钢焊接，不低于-20℃。②低合金钢焊接，不低于-10℃。③奥氏体不锈钢焊接，不低于-5℃。④其他合金钢焊接，不低于 0℃	SH 3501—2002，7.1.3
		管道的施焊环境若出现下列情况之一而未采取防护措施时，应停止焊接作业：①焊条电弧焊焊接时，风速等于或大于 8m/s。②气体保护焊焊接时，风速等于或大于 2m/s。③相对湿度大于 90%。④下雨或下雪	SH 3501—2002，7.1.4

续表

检查项目	检查内容	有关要求	条款依据代码及出处
管道焊接	一般规定	管道上的开孔应在安装管道前完成。当在已安装的管道上开孔时，应清除干净管内因切割而产生的异物	SH 3501—2002，6.2.2
		管道焊接不得使用氧乙炔焰焊接	SH 3501—2002，7.1.6
	焊接接头	管道坡口应按下列方法加工：①SHA 级管道坡口，应采用机械方法加工。②SHB 级、SHC 级及 SHD 级管道坡口，宜采用机械方法加工。当采用氧乙炔焰或等离子切割时，切割后必须除去影响焊接质量的表面层	SH 3501—2002，7.2.3
		焊接接头的坡口的渗透检测应按下列规定进行：①材料淬硬倾向较大的管道坡口 100% 检测。②设计温度低于-29℃的非奥氏体不锈钢管道坡口抽检其数量的 5%	SH 3501—2002，7.2.6
		不锈钢管采用电弧焊时，焊接接头组对前，应在坡口两侧各 100mm 范围内涂白垩粉或其他防黏污剂	SH 3501—2002，7.2.9
	工艺要求	不得在焊件表面引弧或试验电流。设计温度低于-29℃的管道、不锈钢及淬硬倾向较大的合金钢管道，焊接表面不得有电弧擦伤等缺陷	SH 3501—2002，7.3.1
		内部清洁要求较高的管道、机器入口管道及设计文件规定的其他管道的单面焊焊缝，应采用氩弧焊进行根部焊道焊接	SH 3501—2002，7.3.2

续表

检查项目	检查内容	有关要求	条款依据代码及出处
管道焊接	工艺要求	除焊接工艺有特殊要求外，每条焊缝应一次焊完。如因故被迫中断，应采取防裂措施。再焊时，必须进行检查，在确认无裂纹后方可继续施焊	SH 3501—2002，7.3.4
		对公称直径等于或大于500mm的管道，宜采用单面焊接、双面成型的焊接工艺或在焊缝内侧根部进行封底焊；对公称直径小于500mm的SHA级和SHD级管道的焊缝底层，应采用氩弧焊	SH 3501—2002，7.3.6
		奥氏体不锈钢焊接接头焊后，应按设计文件规定进行酸洗与钝化处理	SH 3501—2002，7.3.8
		不锈钢复合钢管坡口形式及尺寸宜按设计规定或《石油化工不锈钢复合钢焊接规程》选用，其原则为保证焊接质量、填充金属量少、熔合比小、便于操作等	SH/T 3527—1999，4.1.1
管道焊接接头质量检验	焊缝外观	焊缝外观应成型良好，宽度以每边盖过坡口边缘2mm为宜。角焊缝的焊脚高度应符合设计文件规定，外形应平缓过渡	SH 3501—2002，7.5.2
	表面质量	焊接接头表面质量应符合下列要求：①不得有裂纹、未熔合、气孔、夹渣、飞溅存在。②设计温度低于-29℃的管道、不锈钢和淬硬倾向较大的合金钢管道焊缝表面，不得有咬边现象；其他材料的管道焊缝咬边深度不应大于0.5mm，连续咬边长度不应大于100mm，且焊缝两侧咬边总长度不大于该焊缝全长的10%。③焊缝表面不得低于管道表面，且焊缝余高Δh应符合	SH 3501—2002，7.5.3

续表

检查项目	检查内容	有关要求	条款依据代码及出处
管道焊接接头质量检验	表面质量	下列要求：a. 100%射线检测焊接接头，其 $\Delta h \leqslant 1+0.1b_1$，且不大于2mm；b. 其余的焊接接头，其 $\Delta h \leqslant 1+0.2b_1$，且不大于3mm。注：$b_1$ 为焊接接头组对后坡口的最大宽度，mm	SH 3501—2002，7.5.3
	焊缝接头无损检测	管道焊接接头无损检测应按《承压设备无损检测》(JB 4730)进行焊缝缺陷等级评定，并符合下列要求：①射线检测时，射线透照质量等级不得低于AB级，焊接接头经射线检测后的合格等级应符合《石油化工有毒、可燃介质管道工程施工及验收规范》(SH 3501—2002)的规定。②超声波检测时，管道焊接接头经检测后的合格标准如下：a. 规定进行100%超声波检测的焊接接头Ⅰ级为合格。b. 局部进行超声波检测的焊接接头Ⅱ级为合格。c. 磁粉检测和渗透检测的焊接接头Ⅰ级为合格	SH 3501—2002，7.5.4
		每名焊工焊接的对接焊焊接接头的射线检测百分比应符合《石油化工有毒、可燃介质管道工程施工及验收规范》(SH 3501—2002)的规定，并在被检测的焊接接头中，固定焊的焊接接头不得少于检测数量的40%，且不少于1个焊接接头。射线检测百分比计算原则如下：①按设计文件给出的同管道级别、同检测比例、同材料类别的管线编号计算。②当管道公称直径小于500mm时，按焊接接头数量计算。③当管道公称直径等于或大于500mm时，按每个焊接接头的焊缝长度计算	SH 3501—2002，7.5.5

续表

检查项目	检查内容	有关要求	条款依据代码及出处
管道焊接接头质量检验	承插和焊接支管的焊接接头及其他角焊缝	每名焊工焊接的标准抗拉强度下限值≥540MPa的钢材、设计温度低于-29℃的非奥氏体不锈钢、Cr-Mo低合金钢管道，其承插和焊接支管的焊接接头及其他角焊缝，应采用磁粉检测或渗透检测方法检查焊缝的表面质量，检测百分比按《石油化工有毒、可燃介质管道工程施工及验收规范》(SH 3501—2002)的规定执行	SH 3501—2002，7.5.6
	超声波检测	在进行无损检测时，当设计文件规定采用超声波检测时，应按设计文件规定执行；当设计文件规定采用射线检测但由于条件限制须改用超声波检测时，应征得设计单位同意	SH 3501—2002，7.5.8
	焊缝返修次数	不合格的焊缝同一部位的返修次数，非合金钢管道不得超过三次，其余钢种管道不得超过两次	SH 3501—2002，7.5.10
	焊缝扩探检验	焊接接头抽样检验，若有不合格样品，应按该焊工的不合格数加倍检验，若仍有不合格样品，则应全部检验	SH 3501—2002，7.5.9
	测定硬度值	焊接接头热处理后，首先应确认热处理自动记录曲线，然后在焊缝及热影响区各取一点测定硬度值。抽检数不得少于焊接数量的20%且不少于一处	SH 3501—2002，7.5.11
		热处理后焊缝的硬度值不宜超过母材标准布氏硬度值加100HB，且应符合下列规定：①合金总含量小于3%，不大于270HB。②合金总含量3%~10%，不大于300HB。③合金总含量大于10%，不大于350HB	SH 3501—2002，7.5.12

续表

检查项目	检查内容	有关要求	条款依据代码及出处
管道焊接接头质量检验	测定硬度值	当热处理自动记录曲线异常，且被查部件的硬度值超过规定范围时，应按班次做加倍复检，并查明原因，对不合格焊接接头重新进行热处理	SH 3501—2002，7.5.13
	焊缝编号	对进行无损检测的管道，应在单线图上标明焊缝编号、焊工代号、焊接位置、无损检测方法、返修焊缝位置、扩探焊缝位置等可追溯性标识。对进行焊接接头热处理的管道，还应在单线图上标明热处理及硬度试验的焊缝编号	SH 3501—2002，7.5.15
预热、热处理	焊前预热	管道组成件焊前预热应按规定进行。当中断焊接后需要继续焊接时，应重新预热	SH 3501—2002，7.4.1
		当环境温度低于0℃时，除奥氏体不锈钢外，无预热要求的钢种，在始焊处100mm范围内，应预热至15℃以上	SH 3501—2002，7.4.2
	热处理	对易产生延迟裂纹的焊接接头，焊接时应严格保持层间温度，焊后应立即均匀加热至300~350℃保温缓冷，并及时进行热处理	SH 3501—2002，7.4.7
		对焊后需要进行热处理的管段，可采用整体热处理的方法，但该管段上不得带有焊接阀门	SH 3501—2002，7.4.11
		在已经进行焊后热处理的管道上，应避免直接焊接非受压件，如果不能避免，若同时满足下列条件，则焊后可不再进行热处理：①管道为非合金钢或碳锰钢材料。②角焊缝的计算厚度不大于10mm。③按评定合格的焊接工艺施焊。④对角焊缝进行100%表面无损检测	SH 3501—2002，7.4.12

续表

检查项目	检查内容	有关要求	条款依据代码及出处
预热、热处理	热处理	经焊后热处理合格的部位，不得再从事焊接作业，否则应重新进行热处理	SH 3501—2002，7.4.13
		管道焊接接头的热处理，应根据设计文件或《焊接作业指导书》的规定及时进行	SH/T 3517—2001，5.5.1
		当管道的公称直径小于或等于300mm时，应安装1支测温计；当管道的公称直径大于300mm时，应对称安装2支测温计。水平管道的焊接接头热处理时，测温计应安装在焊接接头的下部	SH/T 3517—2001，5.5.11
高温、高压管道	高压钢管质量证明书	当高压钢管质量证明书与到货钢管的钢号、炉罐号不符，或钢管上无钢号、炉罐号时，供货方应进行校验性检验	HG 20225—1995，3.0.14
	高压钢管无损探伤	高压钢管应按下列规定进行无损探伤：当高压钢管无制造厂探伤合格证时，应逐根进行探伤；当高压钢管虽有探伤合格证，但经目测检验发现缺陷时，应抽钢管数量的10%进行探伤，当仍有不合格样品时，则应逐根进行探伤	HG 20225—1995，3.0.14
	高压钢管外表面	高压钢管外表面应按下列方法探伤：对外径大于12mm的导磁性高压钢管，应采用磁粉检验法。对非导磁性高压钢管，应采用荧光法或液体渗透检验法	HG 20225—1995，3.0.14
	高压钢管超声波探伤	通过磁粉、荧光、液体渗透等方法探伤的外径大于12mm的高压钢管，还应按现行国家标准《无缝钢管超声波探伤方法》(GB 5777)的规定，进行内部及内表面的探伤	HG 20225—1995，3.0.14

续表

检查项目	检查内容	有关要求	条款依据代码及出处
高温、高压管道	高压钢管不合格处理	高压钢管经探伤不合格的部分必须予以切除，并做明显标记，单独存放	HG 20225—1995，3.0.14
	高温管道膨胀指示器	高温管道膨胀指示器的安装应符合设计要求	GB 50184—1993，6.3.24
	高温管道监察段	高温管道监察段的安装应符合设计要求	GB 50184—1993，6.3.25
	高温管道蠕胀测点	高温管道蠕胀测点的安装应符合设计要求	GB 50184—1993，6.3.26
与转动机器连接的管道	一般要求	与转动机器(以下简称“机器”)连接的管道，宜从机器侧开始安装，并应先安装管支架。管道和阀门等的重量和附加力矩不得作用在机器上。管道的水平度或垂直度偏差应小于1mm/m。气体压缩机入口管道因水平偏差造成的坡度应坡向分液罐一侧	SH 3501—2002，6.2.9
	法兰密封面间的平行偏差、径向偏差及间距	与机器连接的管道及其支架、吊架在安装完毕后，应卸下接管上的法兰螺栓，在自由状态下所有螺栓应能在螺栓孔中顺利通过。法兰密封面间的平行偏差、径向偏差及间距，当设计或制造厂未规定时，不应超过规范中的规定值	SH 3501—2002，6.2.10
	转动机器位移值检查	机器试车前，应对管道与机器的连接法兰进行最终连接检查。检查时，在联轴器上架设百分表监测位移，然后松开和拧紧法兰连接螺栓进行观测，其位移应符合下列规定：①当转速大于6000r/min时，位移值应小于0.02mm。②当转速小于或等于6000r/min时，位移值应小于0.05mm	SH 3501—2002，6.2.11

续表

检查项目	检查内容	有关要求	条款依据代码及出处
补偿器	“Ⅱ”形补偿器安装	安装“Ⅱ”形补偿器，应按设计文件规定进行预拉伸或预压缩，允许偏差为预伸缩量的10%，且不大于10mm。水平安装“Ⅱ”形补偿器时，平行臂应与管道坡度相同，垂直臂应呈水平状态	SH 3501—2002，6.2.26
	波形补偿器安装	安装波形补偿器应按下列要求进行：①按设计文件规定进行预拉伸或预压缩，且受力应均匀。②波形补偿器内套有焊缝的一端，在水平管道上应位于介质流入端，在垂直管道上应置于上部。③波形补偿器应与管道保持同轴，不得偏斜。④波形补偿器预拉伸或预压缩合格后，应设临时约束装置将其固定，待管道有负荷运行时，再拆除临时约束装置	SH 3501—2002，6.2.27
	管道补偿器安装调试	管道补偿器安装调试合格后，应做好安装记录	SH 3501—2002，6.2.28

6.10.3 管道吹扫、清洗、试压

见表1-4。

表1-4 管道吹扫、清洗、试压检查

检查项目	检查内容	有关要求	条款依据代码及位置
管道吹扫与清洗	一般规定	在管道系统试验合格后，应进行吹扫。吹扫方法包括人工清扫、水冲洗、空气吹扫等。对公称直径大于600mm的管道，宜用人工清扫；对公称直径小于600mm的管道，宜用洁净水或空气进行冲洗或吹扫；对蒸汽管道，应以蒸汽吹扫；对非热力管道，不得用蒸汽吹扫	SH 3501—2002，8.2.1、8.2.3

续表

检查项目	检查内容	有关要求	条款依据代码及位置
管道吹扫与清洗	一般规定	吹扫管道系统前应满足下列要求：①不应安装孔板、法兰连接的调节阀、节流阀、安全阀、仪表件等，并对已焊在管道上的阀门和仪表采取相应的保护措施。②不参与系统吹扫的设备及管道系统，应与吹扫系统隔离。③管道支架、吊架要安装牢固，必要时予以加固	SH 3501—2002，8.2.1、8.2.3
		吹扫压力不得超过容器和管道系统的设计压力	
	水冲洗	在冲洗奥氏体不锈钢管道系统时，水中氯离子含量不得超过 25mg/L	SH 3501—2002，8.2.4、8.2.6、8.2.7
		在进行管道系统水冲洗时，宜以最大水流量进行冲洗，水流速度不得小于 1.5m/s	
		对经过水冲洗后的管道系统，目测排出口的水色和透明度，应以出口、入口的水色和透明度一致为合格	
	空气吹扫	在进行管道系统空气吹扫时，宜利用大型压缩机和大型储气罐进行间断性吹扫。吹扫时，应以最大空气流量进行，且空气流动速度不得小于 20m/s	SH 3501—2002，8.2.8、8.2.9
		在空气吹扫过程中，应在排出口用白布或涂白色油漆的靶板检查，在 5min 内，以白布或靶板上无铁锈及其他杂物为合格	
		当吹扫忌油管道时，气体中不得含油	

续表

检查项目	检查内容	有关要求	条款依据代码及位置
管道吹扫与清洗	蒸汽吹扫	蒸汽管道应以大流量蒸汽进行吹扫，蒸汽流动速度不应小于30m/s	GB 50235—1997，8.4.2、8.4.5
		对通往汽轮机或设计文件有规定的蒸汽管道，经蒸汽吹扫后应检验靶片	GB 50235—1997，8.2.4、8.2.6、8.2.7
	化学清洗	对需要化学清洗的管道，其范围和质量要求应符合设计文件的规定	
		当进行管道化学清洗时，必须与无关设备隔离开	
		对化学清洗合格的管道，当不能及时投入运行时，应进行封闭或充氮保护	
		化学清洗后的废液处理和排放应符合环境保护的规定	GB 50235—1997，8.6.1
	油清洗	对润滑、密封及控制油管道，应在机械及管道酸洗合格后、系统试运转前进行油清洗。对不锈钢管道，宜用蒸汽吹净后再进行油清洗	
工艺管道压力试验	管道系统试压前条件	管道施工完毕，支架、吊架安装符合设计要求且施工完毕，单线图审查合格，试压方案已经过审批和技术交底，质量、安全体系人员落实到位，安全措施可靠，临时盲板位置正确	GB 50235—1997，6.12.3

续表

检查项目	检查内容	有关要求	条款依据代码及位置
工艺管道压力试验	试验压力	当管道与设备作为一个系统进行压力试验，管道试验压力大于设备试验压力，且设备试验压力不低于管道设计压力的1.15倍时，经建设单位同意，可以按设备试验压力进行试验	GB 50235—1997，7.5.3.6
	试验过程	试验过程中若有泄漏，不得带压修理。待消除缺陷后，应重新试验	SH 3501—2002，8.1.14
	填写记录	建设单位或监理单位应参加压力试验，待压力试验合格后，应同施工单位一起填写记录	GB 50235—1997，7.5.1.5
	气压试验	管道系统的压力试验应采用液体进行。当液压试验确有困难时，可用气压试验代替，但必须符合下列条件，并有经施工单位技术总负责人批准的安全措施：①公称直径小于或等于300mm、试验压力小于或等于1.6MPa的管道系统。②公称直径大于300mm、试验压力等于或小于0.6MPa的管道系统。③脆性材料管道组成件未经液压试验证明合格，不得参加管道系统气体压力试验。④不符合本条①、②的管道系统必须用气压试验代替时，其所有的焊接接头均应经无损检测证明合格	SH 3501—2002，8.1.4
	奥氏体不锈钢	应用洁净水进行液体压力试验，当生产工艺有要求时，可用其他液体。当用水试验奥氏体不锈钢管道时，水中的氯离子含量不得超过25mg/L	SH 3501—2002，8.1.7

6.11 质量控制点

在工艺管道检维修项目中，质量控制点分为 A 级、B 级、C 级三个级别。

（1）A 级质量控制点是影响装置安全运行、使用功能和投用后出现质量问题须停车后才可处理，或合同、协议中有特殊要求的质量控制点。该质量控制点必须经西南油气分公司设备管理部、净化厂设备管理办公室、车间专业工程师，以及检维修施工单位的项目质量工程师、检维修班组质量检查员共同检查、确认、签字后方可通过。

（2）B 级质量控制点是影响下道工序质量的质量控制点。该质量控制点必须经净化厂设备管理办公室、车间专业工程师和施工单位质量检查员共同检查、确认、签字后方可通过。

（3）C 级质量控制点是对工程质量影响较小或投用后出现质量问题可随时处理的次要质量控制点。该质量控制点应由车间专业工程师通过日常巡检进行检查，并经施工单位质量检查员自检确认和认证。

表 1–5 中详细列出了工艺管道检维修工程工序质量控制点。

表 1–5 工艺管道检维修工程工序质量控制点表

序号	检查内容	质量控制点	检查表格
1	图纸会审	A 级	表 1–6
2	施工组织设计审查	A 级	表 1–7
3	施工方案审查	A 级	表 1–7
4	施工技术交底审查	B 级	表 1–8
5	材料、构(配)件检查	B 级	表 1–9
6	特殊工种作业人员资质审查	B 级	表 1–10
7	焊工资质审查	B 级	表 1–11
8	焊接工艺评定审查	B 级	表 1–12

续表

序号	检查内容	质量控制点	检查表格
9	无损检测人员资质审查	B 级	表 1-10
10	计量器具审查	B 级	表 1-13
11	施工前安全检查	B 级	无
12	检维修前挂牌检查	A 级	无
13	焊材烘房检查	B 级	表 1-14、表 1-15
14	组对	C 级	无
15	焊前预热(如需要时)	C 级	无
16	焊接工艺记录	C 级	表 1-12
17	焊后后热(如需要)	C 级	无
18	焊缝的质量外观检验与焊缝质量验收	C 级	表 1-16
19	焊缝无损检测	A 级	表 1-17
20	焊后热处理(如需要时)	C 级	无
21	热处理后硬度检查	A 级	无
22	管道内部清洁	B 级	无
23	阀门清洗、研磨检查	C 级	无
24	阀门试压检查	B 级	表 1-18
25	安全阀研磨、调压检查	B 级	无
26	隐蔽工程检查	A 级	表 1-19

图 1-2 为工程质量控制流程图。

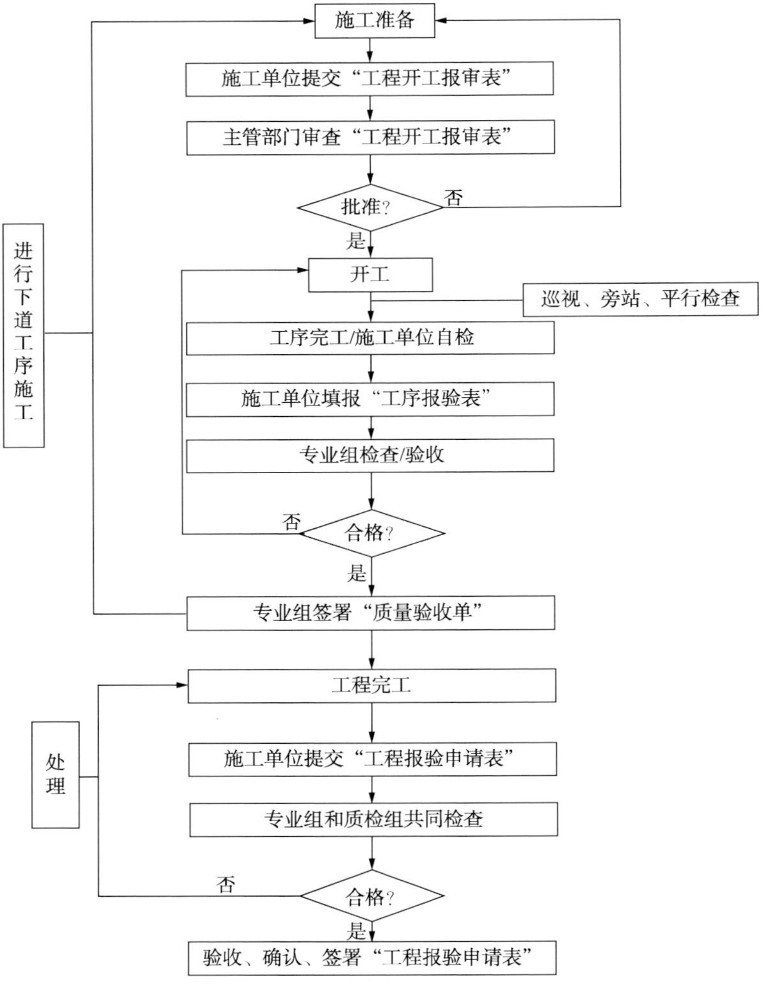

图 1-2 工程质量控制流程图

7　附件

施工图核查记录表（表1-6）。
施工组织设计（方案）报审表（表1-7）。
技术交底记录表（表1-8）。
开箱检验记录表（表1-9）。
特殊工种作业人员登记表（表1-10）。
合格焊工登记表（表1-11）。
管道焊接工艺检查记录表（表1-12）。
周期检定计量器具清单（表1-13）。
焊条烘烤记录表（表1-14）。
焊材库温度/湿度记录表（表1-15）。
管道焊接接头热处理报告（表1-16）。
射线检测结果确认表（表1-17）。
管道系统耐压试验条件确认与试验记录表（表1-18）。
隐蔽工程记录表（表1-19）。

表 1-6　施工图核查记录表

<table>
<tr><td colspan="2">SH/T 3543—G110</td><td colspan="2">施工图核查记录表</td><td>工程名称：
单元名称：</td></tr>
<tr><td>设计单位</td><td colspan="2"></td><td>专业</td><td></td></tr>
<tr><td>主持人</td><td colspan="2"></td><td>核查时间</td><td>年　月　日</td></tr>
<tr><td>施工图号</td><td colspan="4"></td></tr>
<tr><td>参加核查
人员</td><td colspan="4"></td></tr>
<tr><td colspan="5">内容记录：</td></tr>
<tr><td colspan="3">记录人：

日　期：　　年　月　日</td><td colspan="2">审核人：

日　期：　　年　月　日</td></tr>
</table>

表 1-7　施工组织设计(方案)报审表

SH/T 3903—A. 2	施工组织设计(方案)报审表	工程名称： 编号：
致 　　我方已根据施工承包合同的有关规定完成了工程施工组织设计(方案)的编制，并经我单位技术负责人审查批准，请予以审查。 　　附： 　　□施工组织设计/□施工方案		
施工单位(章) 项目经理： 日期：　　年　月　日		
维护保障车间审查意见：		
生产车间审核意见： 日期：　　年　月　日		
技术质量科审核意见： 日期：　　年　月　日		
设备物资科审核意见： 日期：　　年　月　日		
净化厂主管领导意见： 日期：　　年　月　日		

表 1-8　技术交底记录表

<table>
<tr><td colspan="2">SH/T 3543—G111</td><td colspan="2">技术交底记录表</td><td>工程名称：
单元名称：</td></tr>
<tr><td>技术文件名称</td><td colspan="2"></td><td>交底日期</td><td>年　月　日</td></tr>
<tr><td>主持人</td><td colspan="2"></td><td>交底人</td><td></td></tr>
<tr><td>参加交底人员签字</td><td colspan="4"></td></tr>
<tr><td colspan="5">交底主要内容：</td></tr>
<tr><td colspan="3">记录人：
日期：　　年　月　日</td><td colspan="2">审核人：
日期：　　年　月　日</td></tr>
</table>

表 1-9　开箱检验记录表

<table>
<tr><td colspan="2">SH/T 3503—J115A</td><td colspan="2">开箱检验记录表</td><td colspan="2">工程名称：
单元名称：</td></tr>
<tr><td colspan="2">名称</td><td colspan="2"></td><td>位号</td><td></td></tr>
<tr><td colspan="2">型号</td><td colspan="2"></td><td>制造商</td><td></td></tr>
<tr><td colspan="2">合同号</td><td colspan="2"></td><td>箱数</td><td></td></tr>
<tr><td colspan="2">箱号</td><td colspan="2"></td><td>装箱单号</td><td></td></tr>
<tr><td>检验情况</td><td colspan="5">1. 包装　□无破损□有破损　　4. 外观□无可见缺陷□有可见缺陷
2. 规格与装箱单　□相符□不相符　　5. 质量证明文件　□有□无
3. 数量与装箱单　□相符□不相符　　6. 产品技术文件　□有□无</td></tr>
<tr><td>问题及处理意见</td><td colspan="5"></td></tr>
<tr><td rowspan="4">随机资料</td><td colspan="2">名称</td><td>份数</td><td>接收单位</td><td>接收人</td></tr>
<tr><td colspan="2"></td><td></td><td></td><td></td></tr>
<tr><td colspan="2"></td><td></td><td></td><td></td></tr>
<tr><td colspan="2"></td><td></td><td></td><td></td></tr>
<tr><td rowspan="4">专用工具</td><td colspan="2">名称</td><td>数量</td><td>接收单位</td><td>接收人</td></tr>
<tr><td colspan="2"></td><td></td><td></td><td></td></tr>
<tr><td colspan="2"></td><td></td><td></td><td></td></tr>
<tr><td colspan="2"></td><td></td><td></td><td></td></tr>
<tr><td colspan="2">采购单位</td><td colspan="2">施工单位</td><td>监理单位</td><td>业主单位</td></tr>
<tr><td colspan="2">检验人员：

日期：　年　月　日</td><td colspan="2">专业工程师：

日期：　年　月　日</td><td>专业工程师：

日期：　年　月　日</td><td>专业工程师：

日期：　年　月　日</td></tr>
</table>

表 1-10　特殊工种作业人员登记表

SH/T 3543—G108		特殊工种作业人员登记表		工程名称： 工程类别：	
序号	姓名	工种	证书编号	批准日期	有效期
注：附特殊工种作业人员证书的复印件					
编制人： 日期：　　年　　月　　日			审核人： 日期：　　年　　月　　日		

表 1-11　合格焊工登记表

SH/T 3503—J113	合格焊工登记表	工程名称：

序号	焊工姓名	焊工代号	证书编号	合格项目代号	有效期限

施工单位	监理单位	业主单位
专业工程师： 质量检查员： 制　表　人： 日期：　　年　月　日	专业工程师： 日期：　　年　月　日	专业工程师： 日期：　　年　月　日

表 1-12 管道焊接工艺检查记录表

SH/T 3543—G414				管道焊接工艺检查记录表							工程名称： 单元名称：		
管道编号	焊接工艺卡编号	焊口编号	检查层数	焊材牌号	焊材规格	焊接方法	电流/A	电压/V	焊接速度/(m/min)	预热温度/℃	层间温度/℃	后热温度/℃	检查时间
注：本表只记录有线能量和预热、后热要求的焊接接头													
施工班组长： 日期： 年 月 日								质量检查员： 日期： 年 月 日					

表 1-13　周期检定计量器具清单

SH/T 3543—G109		周期检定计量器具清单				工程名称：		
序号	名称	编号	规格型号	精度等级	检定/校准证书编号	检定/校准日期	有效期	备注

编制人：　　　　　　　　　　审核人：

日期：　　　　年　月　日　　日期：　　　　年　月　日

表 1-14 焊条烘烤记录表

SH/T 3543—0117							焊条烘烤记录表								工程名称：					
烘烤日期		牌号	批号	入库自编号	规格/mm	质量/kg	烘箱送电			恒温					移入保温箱			烘烤次数	烘烤负责人
							时间		温度/℃	温度/℃	开始时间		结束时间		时间		温度/℃		
月	日						时	分			时	分	时	分	时	分			
责任工程师： 日期：　　年　月　日																			

表 1-15　焊材库温度/湿度记录表

SH/T 3543—G121	焊材库温度/湿度记录表	工程名称：
记录日期	年　月　日	

日期	时间		温度/	湿度/	记录人	日期	时间		温度/	湿度/	记录人
	时	分	℃	%			时	分	℃	%	
1						17					
2						18					
3						19					
4						20					
5						21					
6						22					
7						23					
8						24					
9						25					
10						26					
11						27					
12						28					
13						29					
14						30					
15						31					
16						责任工程师： 日期：　年　月　日					

表 1-16　管道焊接接头热处理报告

<table>
<tr><td colspan="2">SH/T 3503—J411</td><td colspan="5">管道焊接接头热处理报告</td><td colspan="4">工程名称：

单元名称：</td></tr>
<tr><td colspan="2">管道编号</td><td colspan="5"></td><td colspan="2">报告编号</td><td colspan="2"></td></tr>
<tr><td colspan="2">热处理方法</td><td colspan="5"></td><td colspan="2">热处理设备</td><td colspan="2"></td></tr>
<tr><td rowspan="2">焊接接头编号</td><td rowspan="2">测温点编号</td><td colspan="2">热处理温度/℃</td><td colspan="2">恒温时间/h</td><td rowspan="2">材质</td><td rowspan="2">规格</td><td rowspan="2">热处理日期</td><td rowspan="2">记录曲线图编号</td><td rowspan="2">硬度检验报告编号</td></tr>
<tr><td>要求</td><td>实际</td><td>要求</td><td>实际</td></tr>
<tr><td></td><td></td><td></td><td></td><td></td><td></td><td></td><td></td><td></td><td></td><td></td></tr>
<tr><td></td><td></td><td></td><td></td><td></td><td></td><td></td><td></td><td></td><td></td><td></td></tr>
<tr><td></td><td></td><td></td><td></td><td></td><td></td><td></td><td></td><td></td><td></td><td></td></tr>
<tr><td></td><td></td><td></td><td></td><td></td><td></td><td></td><td></td><td></td><td></td><td></td></tr>
<tr><td colspan="11">焊接接头、测温点布置示意图：</td></tr>
<tr><td colspan="11">热处理结论：</td></tr>
</table>

热处理单位	施工单位	监理单位	业主单位
专业工程师： 操　作　人： 日期： 年　月　日	专业工程师： 质量检查员： 日期： 年　月　日	专业工程师： 日期： 年　月　日	专业工程师： 日期： 年　月　日

表 1-17　射线检测结果确认表

<table>
<tr><td colspan="2">SH/T 3503—J121</td><td colspan="9">射线检测结果确认表</td><td colspan="4">工程名称：
单元名称：</td></tr>
<tr><td>委托单位</td><td colspan="2"></td><td>检测标准</td><td colspan="4"></td><td colspan="2">施工单位</td><td colspan="5"></td></tr>
<tr><td rowspan="2">检件编号</td><td rowspan="2">检件规格/
mm</td><td rowspan="2">检件材质</td><td rowspan="2">检测比例/
%</td><td rowspan="2">合格
级别</td><td colspan="2">一次检测</td><td colspan="2">一次不合格</td><td colspan="2">扩检</td><td colspan="2">扩检不合格</td><td colspan="2">实际检测</td></tr>
<tr><td>焊口数</td><td>片数</td><td>焊口数</td><td>片数</td><td>焊口数</td><td>片数</td><td>焊口数</td><td>片数</td><td>焊口数</td><td>片数</td></tr>
<tr><td></td><td></td><td></td><td></td><td></td><td></td><td></td><td></td><td></td><td></td><td></td><td></td><td></td><td></td><td></td></tr>
<tr><td></td><td></td><td></td><td></td><td></td><td></td><td></td><td></td><td></td><td></td><td></td><td></td><td></td><td></td><td></td></tr>
<tr><td></td><td></td><td></td><td></td><td></td><td></td><td></td><td></td><td></td><td></td><td></td><td></td><td></td><td></td><td></td></tr>
<tr><td></td><td></td><td></td><td></td><td></td><td></td><td></td><td></td><td></td><td></td><td></td><td></td><td></td><td></td><td></td></tr>
<tr><td></td><td></td><td></td><td></td><td></td><td></td><td></td><td></td><td></td><td></td><td></td><td></td><td></td><td></td><td></td></tr>
<tr><td></td><td></td><td></td><td></td><td></td><td></td><td></td><td></td><td></td><td></td><td></td><td></td><td></td><td></td><td></td></tr>
<tr><td></td><td></td><td></td><td></td><td></td><td></td><td></td><td></td><td></td><td></td><td></td><td></td><td></td><td></td><td></td></tr>
<tr><td rowspan="2">返修
情况</td><td colspan="2">一次返修焊口数</td><td></td><td colspan="2">二次返修焊口数</td><td></td><td colspan="3">三次及以上返修焊口数</td><td></td><td colspan="4" rowspan="2">注：1. 质量评定和透照参数见《射线检测报告》。
2. 检测位置见该管道单线图图示</td></tr>
<tr><td colspan="2">一次返修片数</td><td></td><td colspan="2">二次返修片数</td><td></td><td colspan="3">三次及以上返修片数</td><td></td></tr>
<tr><td colspan="5">施工单位</td><td colspan="5">监理单位</td><td colspan="5">业主单位</td></tr>
<tr><td colspan="5">专业工程师：
审　核　人：
制　表　人：

日期：　　年　月　日</td><td colspan="5">专业工程师：

日期：　　年　月　日</td><td colspan="5">专业工程师：

日期：　　年　月　日</td></tr>
</table>

表 1-18　管道系统耐压试验条件确认与试验记录表

SH/T 3503—J406	管道系统耐压试验 条件确认与试验记录表	工程名称： 单元名称：	
系统名称		系统编号	

检查项目与要求	检查结果
管道安装符合设计文件和规范要求	
管道组成件复验合格	
焊接工作记录齐全	
无损检测结果符合设计文件和规范要求	
热处理结果符合设计文件和规范要求	
支架、吊架安装正确	
合金钢管道材质标记清楚	
不参与管道系统试验的安全附件、仪表已按规定拆除或隔离，参与试压的系统内的阀门全部开启	
临时加固措施、盲板位置与标识符合施工方案要求	
焊接接头及需要检验的部位未被覆盖	
试压用压力表量程、精度等级、检定状态符合规范要求	
不锈钢管道试验用水符合规范要求	

试验记录

管道编号	设计压力/MPa	设计温度/℃	试验环境温度/℃	试验介质	试验介质温度/℃	耐压试验压力/MPa	严密性试验压力/MPa

检验结论：

施工单位	监理单位	业主单位
专业工程师： 质量检查员： 施工班组长： 日期：　年　月　日	专业工程师： 日期：　年　月　日	专业工程师： 日期：　年　月　日

表 1-19　隐蔽工程记录表

<table>
<tr><td colspan="2">SH/T 3503—J111</td><td colspan="2">隐蔽工程记录表</td><td colspan="2">工程名称：
单元名称：</td></tr>
<tr><td>隐蔽项目</td><td colspan="2"></td><td>施工图号</td><td colspan="2"></td></tr>
<tr><td>隐蔽内容及简图</td><td colspan="5"></td></tr>
<tr><td>检查结果</td><td colspan="5"></td></tr>
<tr><td colspan="2">施工单位</td><td colspan="2">监理单位</td><td colspan="2">业主单位</td></tr>
<tr><td colspan="2">专业工程师：
质量检查员：
施工班组长：

日期：　年　月　日</td><td colspan="2">专业工程师：

日期：　年　月　日</td><td colspan="2">专业工程师：

日期：　年　月　日</td></tr>
</table>

第 2 章 机泵检维修质量控制

1 工程概况

机泵检维修是中国石化西南油气分公司元坝净化厂装置检维修项目中的重要内容之一。机泵检维修质量控制主要是对检维修过程中的施工质量和机泵实体质量进行控制（表 2-1）。

表 2-1 机泵检维修项目和内容

序号	检维修项目	检维修内容
1	110-P-104B（中修）	检查或更换机械密封，清洗机械密封系统
		检查或更换油封
		检查各种轴承，测量轴承间隙，检查、测量转子窜量
		检查联轴器，重新对中
		更换润滑油
		更换入口管线滤芯，清洁机泵
2	110-P-106A（中修）	检查或更换机械密封，清洗机械密封系统
		检查各种轴承，测量轴承间隙，检查、测量转子窜量
		检查联轴器，重新对中
		更换入口管线滤芯，清洁机泵
		更换润滑油
3	110-P-201A/B（中修）	检查、清洗入口过滤器
		检查进口阀、出口阀，更换损坏的进口阀、出口阀
		更换填料
		检查泵头及传动单元
		检查、清理润滑油油箱，更换润滑油
		测量泵各配合间隙

续表

序号	检维修项目	检维修内容
4	110-A-101A	检查风叶
		检查轴承，调整轴承间隙
		补充润滑脂
		检查皮带，调整电机与风机水平度
5	110-A-101B	检查风叶
		检查轴承，调整轴承间隙
		补充润滑脂
		检查皮带，调整电机与风机水平度
6	110-A-101C	检查风叶
		检查轴承，调整轴承间隙
		补充润滑脂
		检查皮带，调整电机与风机水平度
7	110-A-101D	检查风叶
		检查轴承，调整轴承间隙
		补充润滑脂
		检查皮带，调整电机与风机水平度
8	110-A-101E	检查风叶
		检查轴承，调整轴承间隙
		补充润滑脂
		检查皮带，调整电机与风机水平度
9	110-A-101F	检查风叶
		检查轴承，调整轴承间隙
		补充润滑脂
		检查皮带，调整电机与风机水平度
10	110-A-102A	检查风叶
		检查轴承，调整轴承间隙
		补充润滑脂
		检查皮带，调整电机与风机水平度

续表

序号	检维修项目	检维修内容
11	110-A-102B	检查风叶
		检查轴承，调整轴承间隙
		补充润滑脂
		检查皮带，调整电机与风机水平度
12	110-A-102C	检查风叶
		检查轴承，调整轴承间隙
		补充润滑脂
		检查皮带，调整电机与风机水平度
13	110-A-102D	检查风叶
		检查轴承，调整轴承间隙
		补充润滑脂
		检查皮带，调整电机与风机水平度
14	110-A-301A	检查风叶
		检查轴承，调整轴承间隙
		补充润滑脂
		检查皮带，调整电机与风机水平度
15	110-A-301B	检查风叶
		检查轴承，调整轴承间隙
		补充润滑脂
		检查皮带，调整电机与风机水平度
16	110-A-401A	检查风叶
		检查轴承，调整轴承间隙
		补充润滑脂
		检查皮带，调整电机与风机水平度
17	110-A-401B	检查风叶
		检查轴承，调整轴承间隙
		补充润滑脂
		检查皮带，调整电机与风机水平度

续表

序号	检维修项目	检维修内容
18	110-A-701A	检查风叶
		检查轴承，调整轴承间隙
		补充润滑脂
		检查皮带，调整电机与风机水平度
19	110-A-701B	检查风叶
		检查轴承，调整轴承间隙
		补充润滑脂
		检查皮带，调整电机与风机水平度
20	110-A-702A	检查风叶
		检查轴承，调整轴承间隙
		补充润滑脂
		检查皮带，调整电机与风机水平度
21	110-A-702B	检查风叶
		检查轴承，调整轴承间隙
		补充润滑脂
		检查皮带，调整电机与风机水平度

2　质量控制目标

为确保生产装置机泵检维修的质量，有效地对机泵检维修质量进行预先控制，依据现行规范的强制性条文、施工图纸和相关的设计文件及技术资料，必须对机泵检维修中可能影响其使用安全、使用功能，且继续施工无法检查或对后续工程质量会造成严重影响的工序和部位设置质量控制点，并从严控制，使机泵的检维修质量始终处于受控状态，符合现行施工及验收技术标准和规范要求，从而使工程质量得到切实保证。机泵检维修工程的既定质量控制目标：检维修质量合格率达100%，其中优良率达95%，投料试车一次成功。

3 检维修重点及控制措施

机泵的解体、组装、轴对中和试运转是检维修质量控制的重点，检维修质量的好坏直接关系到装置能否实现长期安稳运行，这就要求施工单位必须对检维修过程进行必要的危害识别和风险评价，熟悉机泵运行情况，分析机泵故障原因，制定详尽的施工技术方案，并报监理和净化厂设备物资科联合检维修项目组审批。监理对机泵的解体、修复、回装、试运行等施工全过程，通过巡视、旁站、平行检验等质量控制手段进行重点检查和监督。

4 施工工序质量控制

4.1 设置质量控制点

设置质量控制点，对施工过程实行工序质量控制。在机泵检维修项目中，质量控制点分为 A 级、B 级、C 级三个级别。

（1）A 级质量控制点是影响装置安全运行、使用功能和投用后出现质量问题须停车后才可处理，或合同、协议中有特殊要求的质量控制点。该质量控制点必须经西南油气分公司设备管理部、净化厂设备管理办公室、车间专业工程师，以及检维修施工单位的项目质量工程师、检维修班组质量检查员共同检查、确认、签字后方可通过。

（2）B 级质量控制点是影响下道工序质量的质量控制点。该质量控制点必须经净化厂设备管理办公室、车间专业工程师和施工单位质量检查员共同检查、确认、签字后方可通过。

（3）C 级质量控制点是对工程质量影响较小或投用后出现质量问题可随时处理的次要质量控制点。该质量控制点应由车间专业工程师通过日常巡检进行检查，并经施工单位质量检查员自检确认、认证。

4.2 检维修质量控制点

见表 2-2。

表 2-2　检维修质量控制点

序号	工序名称	质量控制点	验收资料及记录
1	施工方案	A 级	审查会签
2	方案交底	C 级	检查
3	备品、配件外观检查	C 级	检测
4	检维修施工前安全检查	B 级	检查安全作业票
5	检查风机、机泵轴承，调整轴承间隙	C 级	SH/T 3543—G306、SH/T 3543—G307
6	确认风机、机泵组装质量	B 级	SH/T 3503—J305
7	机泵联轴器对中检查	B 级	SH/T 3503—J302、SH/T 3503—J303
8	机泵试运转	A 级	SH/T 3503—J306
9	竣工验收	A 级	检维修记录

4.3　质量检查内容

见表 2-3。

表 2-3　质量检查

检查项目	检查要求	检查依据
施工准备过程检查		
施工方案审查	方案完整、正确及有针对性	审查会签
技术交底	技术交底记录完整	检查
备品、配件检查	规格、型号、数量、材质等符合设备检维修要求，外观无缺陷	按图纸设计要求检查
计量器具审查	机械设备安装工程中采用的各种计量和检测器具、仪器、仪表和设备必须符合国家现行有关标准的规定，其精度等级应满足被检测项目的精度要求	GB 50231—2009
施工过程技术文件审查	材料和工序报验资料及时、准确	SH/T 3543—2007、SH/T 3503—2007
检维修施工前安全检查	断电、放空、置换合格，在取得安全作业证后方可施工	《转动设备维护检修规程》

续表

检查项目	检查要求	检查依据
实体质量检查		
机泵组装质量确认	检查机泵内部组装质量、主轴弯曲度、转子圆跳动、各部位公差配合尺寸、转子轴向窜量等，以及主要缺陷及处理结果确认	SH/T 3503—J305
检查轴承，调整轴承间隙	轴承表面无划痕，旋转无卡涩，滚动体与滚道表面无腐蚀、坑疤与斑点，接触平滑无杂音	
联轴器对中	轴对中时，两轴应同时转动，对中偏差应符合下列要求： ①凸缘联轴器装配时，联轴器端面应紧密接触，两轴的对中偏差要求如下：a. 径向位移应小于 0.03mm。b. 轴向倾斜应小于 1/20000。②装配弹性套柱销联轴器时，两轴的对中偏差及联轴器的端面间隙应符合相应规定。③装配膜片型挠性联轴器时应符合相应规定	SH/T 3541—2007
机泵试运转	进口及出口压力、轴承温度、冷却水及润滑油温度和压力、机器振动均符合技术文件的规定	SH/T 3503—J306
竣工验收	检维修质量符合要求，运行 24h 后，试车合格后方可验收。验收时，应具有下列有关资料：实际完成的检维修内容；零部件修理、更换、修改、材质代用、无损探伤等内容；本次修理无法解决的遗留问题；检维修及试车记录。设备达到完好标准。按规定办理验收手续	SH/T 3541—2007

5 质量检查验收标准

5.1 离心泵

5.1.1 滚动轴承

（1）承受轴向和径向载荷的滚动轴承与轴配合为 $H7/js6$。

（2）仅承受径向载荷的滚动轴承与轴配合为 $H7/k6$。

（3）滚动轴承外圈与轴承箱内壁配合为 *JS*7/*h*6。

（4）凡轴向止退轴承采用滚动轴承的泵，其滚动轴承外圈的轴向间隙应留有 0.08～0.15mm。

（5）拆装滚动轴承时，采用热装的温度不超过 100℃，严禁直接用火焰加热，推荐采用高频感应加热器。

（6）滚动轴承的滚动体与滚道表面应无腐蚀、坑疤与斑点，接触平滑无杂音，轴承保持架完好。

5.1.2　联轴器

（1）半联轴器与轴配合为 *H*7/*js*6。

（2）联轴器两端面轴向间隙一般为 2～6mm。

（3）安装齿式联轴器时，应保证外齿在内齿宽的中间部位。

（4）安装弹性柱销联轴器时，其弹性圈与柱销应为过盈配合，并具有一定的紧力。弹性圈与联轴器销孔的直径间隙一般为 0.6～1.2mm。

（5）联轴器对中的要求值应符合技术文件要求。

5.1.3　机械密封

（1）压盖与轴套的直径间隙为 0.75～1.00mm，压盖与密封腔的垫片厚度为 1～2mm。

（2）密封压盖与静环密封圈接触部位的表面粗糙度为 *Ra*3.2[1]。

（3）安装机械密封部位的轴或轴套，其表面不得有锈斑、裂纹等缺陷，表面粗糙度为 *Ra*1.6。

（4）静环密封圈尾部的防转槽根部与防转销顶部应保持 1～2mm 的轴向间隙。

（5）弹簧压缩后的工作长度应符合设计要求。

（6）机械密封并圈弹簧的旋转方向应与泵轴的旋转方向相反。

（7）压盖螺栓应均匀上紧，防止压盖端面发生偏斜。

---

[1] 书中表面粗糙度单位为 μm。

（8）静环密封圈被装入压盖后，应检查和确认静环密封圈无偏斜。

5.1.4　填料密封

（1）间隔环与轴套的直径间隙一般为 1.00~1.50mm。

（2）间隔环与填料箱的直径间隙一般为 0.15~0.20mm。

（3）填料压盖与轴套的直径间隙一般为 0.75~1.00mm。

（4）填料压盖与填料箱的直径间隙一般为 0.10~0.30mm。

（5）填料底套与轴套的直径间隙一般为 0.50~1.00mm。

（6）填料环的外径应小于填料函孔径 0.30~0.50mm，内径大于轴径 0.10~0.20mm，切口角度一般与轴向成 45°。

（7）安装时，相邻两道填料的切口至少应错开 90°。

（8）填料应被均匀压入，至少每两圈压紧一次，填料压盖深度一般为一圈盘根高度，但不得小于 5mm。

5.1.5　叶轮

（1）叶轮表面无水垢、油泥、裂纹等。

（2）对更换的叶轮须找静平衡，工作转速在 3000r/min 的叶轮，外径上允许剩余不平衡量不得大于标准要求。

（3）必要时，对组装后转子做动平衡校验，一般情况下，动平衡精度要达到 6.3 级。平衡校验，一般在叶轮上去重，但切去厚度不得大于叶轮壁厚的 1/3。

（4）对于高温介质泵，叶轮与轴装配时，键顶部应留有 0.10~0.40mm 的间隙，叶轮与前、后隔板的轴向间隙不小于 1.00~2.00mm。

（5）叶轮与轴配合为 $H7/js6$。

5.1.6　主轴

（1）主轴颈圆柱度为轴径的 1/4000，最大值不超过 0.025mm，且表面应无伤痕，表面粗糙度为 $Ra1.6$。

（2）以两轴颈为基准，联轴节和轴中段的径向圆跳动公差值为 0.04mm。

（3）键与键槽配合紧密，不得加垫片，键与键槽的过盈量应符合标准要求。

(4) 壳体口环与叶轮口环、中间托瓦与中间轴套的直径间隙值应符合表 2-4 的要求。

表 2-4　口环、托瓦、轴套配合间隙表　　mm

泵类	口环直径	壳体口环与叶轮口环间隙	中间托瓦与中间轴套间隙
冷油泵	<100	0. 40~0. 60	0. 30~0. 40
	100	0. 60~0. 70	0. 40~0. 50
热油泵	<100	0. 60~0. 80	0. 40~0. 60
	100	0. 80~1. 00	0. 60~0. 70

5. 1. 7　转子

(1) 转子的跳动值应符合技术文件的规定。

(2) 轴套与轴配合为 $H7/h6$，表面粗糙度为 $Ra1.6$。

5. 1. 8　试车与验收

(1) 试车条件检查与确认：

① 检查检维修记录，确认检维修数据正确。

② 单试电机合格，确认转向正确。

③ 启动高温泵前要暖泵，预热速度不得超过 50℃/h，每半个小时盘车 180°。

④ 润滑油、封油和冷却水等系统正常，零部件齐全、好用。

⑤ 盘车无卡涩现象和异常声响，轴封渗漏符合要求。

(2) 试车过程检查：

① 严禁离心泵空负荷试车，应按操作规程进行负荷试车。

② 滑动轴承温度不高于 65℃，滚动轴承温度不高于 70℃。

③ 轴承振动应符合《石油化工旋转机械振动标准》(SHS 01003—2004)的相关规定。

④ 运转过程中平稳、无杂音，润滑油、封油和冷却水系统工作正常，泵及附属管路无泄漏。

⑤ 控制流量、压力和电流在规定范围内。

⑥ 密封介质泄漏不得超过下列要求：

a. 机械密封：轻质油 10 滴/min，重质油 5 滴/min。

b. 填料密封：轻质油 20 滴/min，重质油 10 滴/min。

c. 对于有毒、有害和易燃、易爆的介质，不允许有明显可见的泄漏情况。

（3）验收：

① 离心泵连续运转 24h 后，各项技术指标均达到设计要求或能满足生产需要。

② 检维修后，设备达到完好标准。

③ 检维修记录齐全、准确，按规定办理验收手续。

5.2 空冷风机

（1）空冷风机的构架或基础应无变形和损坏。

（2）垂直轴或水平轴的空冷风机支架均应被正确调整，使传动轴垂直或水平，偏差不大于 0.4mm/m，并保证主轴与风筒同心，同轴度不大于 5mm。

（3）待空冷风机的轮毂装到主轴上后，应在轮毂的加工面上测量轮毂径向圆跳动值，该值不应大于 0.15mm，以保证轮毂与主轴同心。

（4）检查叶片，应无损伤、裂纹等缺陷。检查、调整叶片安装角，使其符合要求值，并保证安装角误差为±0.5°。检查叶尖高度，其高度差小于 8mm。

（5）叶片紧固螺钉应无松动。

（6）主动轴皮带轮和从动轴皮带轮的对称面偏移不应大于 $a/400$（a 为两皮带轮中心距），皮带张紧适度。

（7）检查轴承，其内圈与外圈滚道、滚动体表面应无腐蚀、坑疤等，轴承保持架应完好。

（8）检查并更换 O 形橡胶密封圈、油封等易损件。

（9）试车与验收：

① 试车条件检查与确认：

a. 空冷风机全部检维修完毕，检维修质量符合要求。

b. 清理现场。

c. 各润滑部位加入合格的相应牌号的润滑油。

d. 确认仪表、电器等具备开车条件。

② 试车过程检查：

a. 启动风机，检查风机旋转方向是否正确。风机运转应平稳无异常。

b. 检查电机电流是否在规定范围内。

c. 空冷风机正常运转 1h 后，检查其轴承温度不应高于 70℃。

d. 测量空冷风机的振动，其轴承部位的振动烈度应符合《石油化工旋转机械振动标准》(SHS 01003—2004)的相关规定。

e. 试车中，检查各部分的安装位置是否有移动，检查各紧固件是否有松动，并检查皮带运行情况。

③ 验收：

a. 检维修质量符合要求，空冷风机运行 24h 后，试车合格方可进行验收。

b. 验收时，应具有下列有关资料：

实际完成的检维修内容。

零部件修理、更换、修改、材质代用、无损探伤等内容。

本次修理无法解决的遗留问题。

检维修及试车记录。

c. 检维修后，设备达到完好标准。

d. 按规定办理验收手续。

6　附件

机泵拆检及组装记录表(表 2-5)。

机泵组装质量确认记录表(表 2-6)。

轴对中记录表(表 2-7)。

机泵单机试车记录表(表 2-8)。

空冷式换热器风机安装检验记录表(表 2-9)。

周期检定计量器具清单(同表 1-13)。

表 2-5　机泵拆检及组装记录表

<table>
<tr><td colspan="3">机泵拆检及组装记录表</td><td colspan="2">工程名称：
单元名称：</td></tr>
<tr><td>设备名称</td><td></td><td>设备位号</td><td colspan="2"></td></tr>
<tr><td>检测部位及检测内容</td><td>允许值/mm</td><td colspan="2">拆检时实测值/mm</td><td>组装时实测值/mm</td></tr>
<tr><td></td><td></td><td colspan="2"></td><td></td></tr>
<tr><td></td><td></td><td colspan="2"></td><td></td></tr>
<tr><td></td><td></td><td colspan="2"></td><td></td></tr>
<tr><td></td><td></td><td colspan="2"></td><td></td></tr>
<tr><td></td><td></td><td colspan="2"></td><td></td></tr>
<tr><td></td><td></td><td colspan="2"></td><td></td></tr>
<tr><td></td><td></td><td colspan="2"></td><td></td></tr>
<tr><td></td><td></td><td colspan="2"></td><td></td></tr>
<tr><td></td><td></td><td colspan="2"></td><td></td></tr>
<tr><td></td><td></td><td colspan="2"></td><td></td></tr>
<tr><td></td><td></td><td colspan="2"></td><td></td></tr>
<tr><td></td><td></td><td colspan="2"></td><td></td></tr>
<tr><td></td><td></td><td colspan="2"></td><td></td></tr>
<tr><td></td><td></td><td colspan="2"></td><td></td></tr>
<tr><td></td><td></td><td colspan="2"></td><td></td></tr>
<tr><td></td><td></td><td colspan="2"></td><td></td></tr>
<tr><td colspan="5">备注：</td></tr>
<tr><td colspan="5">结论：</td></tr>
<tr><td colspan="2">维修车间：

日期：　　年　月　日</td><td colspan="2">监理单位：

日期：　　年　月　日</td><td>业主单位：

日期：　　年　月　日</td></tr>
</table>

表 2-6　机泵组装质量确认记录表

<table>
<tr><td colspan="3">机泵组装质量确认记录表</td><td colspan="3">工程名称：
单元名称：</td></tr>
<tr><td colspan="2">设备名称</td><td></td><td>设备位号</td><td colspan="2"></td></tr>
<tr><td>机泵内部组装核查情况</td><td colspan="5"></td></tr>
<tr><td>主要缺陷及处理结果</td><td colspan="5"></td></tr>
<tr><td>确认意见</td><td colspan="5"></td></tr>
<tr><td colspan="2">维修单位：

日期：　年　月　日</td><td colspan="2">监理单位：

日期：　年　月　日</td><td colspan="2">业主单位：

日期：　年　月　日</td></tr>
</table>

表 2-7　轴对中记录表

SH/T 3503—J302	轴对中记录表		工程名称： 单元名称：
设备名称		设备位号	
联轴器形式		测量方式	□双表　□三表　□其他

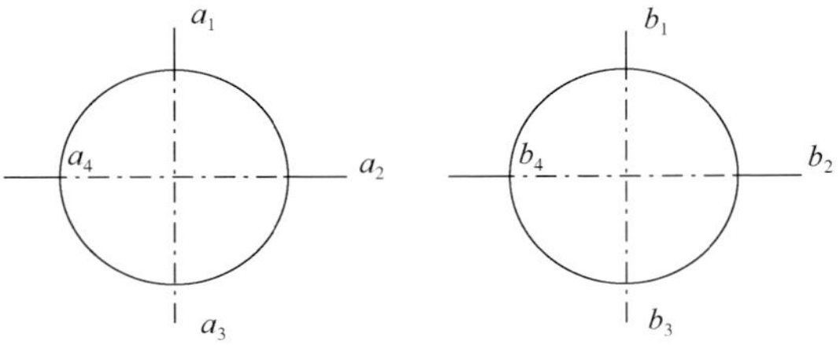

检测部位示意图

单位：mm

联轴器编号	径向位移					轴向倾斜						端面间隙		百分表固定位置
	允许值	实测值				允许值	百分表回转值	实测值				允许值	实测值	
		a_1	a_2	a_3	a_4			b_1	b_2	b_3	b_4			

注：1. 联轴器编号从驱动机侧开始顺序编号。

2. □有/□无，实际轴对中测量曲线图附后

结论：

维修单位	监理单位	业主单位
质量检查员： 日期：　　年　月　日	专业工程师： 日期：　　年　月　日	专业工程师： 日期：　　年　月　日

表 2-8　机泵单机试车记录表

<table>
<tr><td colspan="7">机泵单机试车记录表</td><td colspan="6">工程名称：
单元名称：</td></tr>
<tr><td>设备名称</td><td colspan="2"></td><td>位号</td><td colspan="3"></td><td colspan="2">工作介质</td><td colspan="4"></td></tr>
<tr><td>驱动机种类</td><td colspan="2"></td><td>转速</td><td colspan="3">r/min</td><td colspan="2">试车介质</td><td colspan="4"></td></tr>
<tr><td>试车类别</td><td colspan="2">□空负荷
□负荷</td><td>环境温度</td><td colspan="3">℃</td><td colspan="2">试车日期</td><td colspan="4">年　月　日</td></tr>
<tr><td>连续运转时间</td><td colspan="2">h</td><td>启动电流</td><td colspan="3">A</td><td colspan="2">启动时刻</td><td colspan="4"></td></tr>
<tr><td colspan="3">检查项目</td><td rowspan="2">设计值/允许值</td><td colspan="9">实测值</td></tr>
<tr><td colspan="3">运行记录时刻</td><td></td><td></td><td></td><td></td><td></td><td></td><td></td><td></td><td></td></tr>
<tr><td colspan="2" rowspan="2">压力/MPa</td><td>进口</td><td></td><td></td><td></td><td></td><td></td><td></td><td></td><td></td><td></td><td></td></tr>
<tr><td>出口</td><td></td><td></td><td></td><td></td><td></td><td></td><td></td><td></td><td></td><td></td></tr>
<tr><td colspan="2" rowspan="2">轴承温度/℃</td><td>联轴器侧</td><td></td><td></td><td></td><td></td><td></td><td></td><td></td><td></td><td></td><td></td></tr>
<tr><td>非联轴器侧</td><td></td><td></td><td></td><td></td><td></td><td></td><td></td><td></td><td></td><td></td></tr>
<tr><td colspan="2" rowspan="3">双振幅振动值/μm</td><td>轴向</td><td></td><td></td><td></td><td></td><td></td><td></td><td></td><td></td><td></td><td></td></tr>
<tr><td>水平</td><td></td><td></td><td></td><td></td><td></td><td></td><td></td><td></td><td></td><td></td></tr>
<tr><td>竖直</td><td></td><td></td><td></td><td></td><td></td><td></td><td></td><td></td><td></td><td></td></tr>
<tr><td colspan="13">试车结论：</td></tr>
</table>

维修单位：	监理单位：	业主单位：
日期：　　年　月　日	日期：　　年　月　日	日期：　　年　月　日

表 2-9　空冷式换热器风机安装检验记录表

空冷式换热器风机安装检验记录表				工程名称： 单元名称：	
设备名称		设备位号		设备型号	
风筒直径	mm	叶片数量		皮带型号	

项目		允许值	实测值					
			1	2	3	4	5	6
叶片安装角度/(°)								
叶尖圆周水平高低差/mm								
风机轴垂直度偏差/mm								
主动轴、从动轴皮带轮轮槽中心位置轴向偏差/mm								
皮带张紧度	施加载荷(W)/kN							
	切边长度(L)/mm							
	中点挠度(f)/mm							

项目	允许值	实测值							
风筒内壁与风扇叶尖间距/mm		0 °	45 °	90 °	135 °	180 °	225 °	270 °	315 °

注：表中“实测值”栏中的数字 1~6 为风机叶片编号

检验结论：

维修单位	监理单位	业主单位
现场质量员： 日期：　　年　月　日	专业工程师： 日期：　　年　月　日	专业工程师： 日期：　　年　月　日

第 3 章 静设备检维修质量控制

1 工程概况

静设备检维修是中国石化西南油气分公司元坝净化厂装置检维修项目中的重要内容之一。静设备检维修质量控制主要是对静设备检维修施工过程中的施工质量和静设备实体质量进行控制。

2 第一/第二联合静设备检维修内容

元坝净化厂第一/第二联合静设备检维修主要工作量见表 3-1。

表 3-1 第一/第二联合静设备检维修主要工作量

序号	设备位号	设备名称	检维修内容	操作压力/MPa	操作温度/℃
1	F-302	CLAUS 反应炉	开人孔进行检查、清理，更换炉砖，更换余热锅炉 E-301A、E-301B 入口陶瓷套管	0.04	315
	E-301	余热锅炉			
	E-302	余热锅炉			
2	F-402	加氢进料燃烧炉	开人孔进行检查、清理，检查、修理燃烧器，疏通燃烧器，更换燃烧室炉砖	0.13	315
3	F-404	尾气焚烧炉	开人孔进行检查、清理，检查、修理燃烧器，疏通燃烧器	0.03	315
4	SR-101A/B	天然气进料过滤	开大盖，更换滤芯，清理设备内部，更换垫片	6.4	80~160
5	SR-103A/B	溶剂前过滤器	更换滤芯，清理设备内部，更换垫片	1	40
6	SR-104A/B	溶剂活性炭过滤器	更换活性炭、瓷球	40	1.5
7	SR-202	TEG 活性炭过滤器	更换活性炭、瓷球	44	0.4

续表

序号	设备位号	设备名称	检维修内容	操作压力/MPa	操作温度/℃
8	SR-105A/B	溶剂后过滤器	更换滤芯，清理设备内部，更换垫片	1	40
9	无	液硫池	检查、清理液硫池，更换不锈钢板	常压	130~150
10	E-101A/B	贫富溶剂换热器	更换垫片	0.4~0.55	65~125
11	E-404	半富液冷却器	开封头检查管束情况	0.3~0.5	30~55

3　检维修工程特点及安装质量控制

（1）在高温、高压、临氢环境中，动设备、静设备密封防泄漏要求高，检维修施工技术难度大，以及质量要求高是此次检维修项目的特点。

（2）静设备安装质量控制流程如图 3-1 所示。

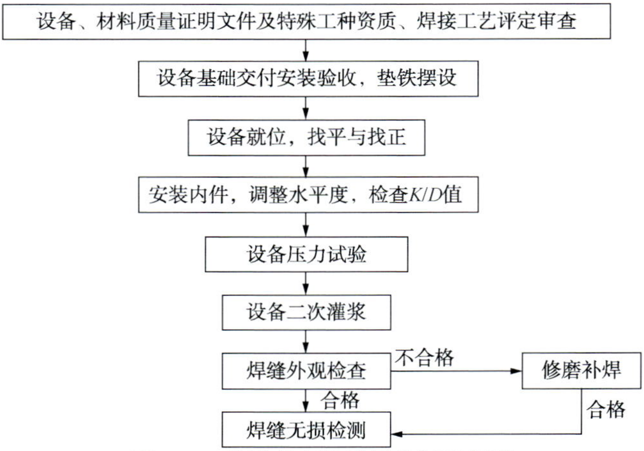

图 3-1　静设备安装质量控制流程图

4　质量控制点

4.1　质量控制点分级

在静设备检维修项目中，质量控制点分为 A 级、B 级、C

级三个级别。

（1）A 级控制点：施工单位、监理单位、车间（站）、净化厂设备管理办公室、西南油气分公司设备管理部组织联合检查。

（2）B 级控制点：施工单位、监理单位、车间（站）、净化厂设备管理办公室组织联合检查。

（3）C 级控制点：施工单位、车间（站）组织联合检查。

4.2 静设备检维修质量控制点

见表 3-2。

表 3-2 静设备检维修质量控制点

序号	检查内容	质量控制点	使用表格
1	图纸会审	A 级	表 1-6
2	施工组织设计审查	A 级	表 1-7
3	施工方案审查	A 级	表 1-7
4	施工技术交底审查	B 级	表 1-8
5	材料、构（配）件检查	A 级	表 1-9
6	设备开箱验收	A 级	表 1-9
7	特殊工种作业人员资质审查	B 级	表 1-10
8	焊工资质审查	B 级	表 1-11
9	焊接工艺评定审查	B 级	表 1-12
10	无损检测人员资质审查	B 级	表 1-10
11	计量器具审查	B 级	表 1-13
12	施工前安全检查	B 级	无
13	《焊接工艺评定报告》和《焊接作业指导书》	B 级	表 1-12
14	焊条的存放、烘烤及发放检查	B 级	表 1-14、表 1-15
15	施焊条件检查	B 级	无
16	基础交付安装	A 级	无
17	设备就位	B 级	表 3-6、表 3-7
18	设备内件安装	A 级	表 3-9、表 3-10
19	压力试验	A 级	表 3-11
20	人孔封闭	A 级	表 1-19

注：表格中仅对 A 级控制点、B 级控制点的检查内容和使用表格进行叙述，对 C 级控制点不进行叙述。

5　检维修质量控制措施

5.1　容器类检维修质量控制

见表 3-3。

表 3-3　容器类检维修质量控制

检查项目	检查内容	有关要求	条款依据代码及出处
质量行为检查			
施工单位资质及质量保证体系	企业资质证书、质量保证体系检查	压力容器安装单位必须是具有相应制造资格的单位，或者是经安装单位所在地省级安全监察机构批准的安装单位	GB 150—1998，3.2.1.1、10.1.3；《固定式压力容器安全技术监察规程》第 113 条
压力容器安装告知	压力容器安装告知手续办理	施工前，应书面告知工程所在地特种设备安全监督管理部门	GB 50461—2008，3.3.1；《固定式压力容器安全技术监察规程》第 114 条
施工方案	施工方案审查	施工方案符合要求，且施工方案是经批准的	SH 3542—2007，4.1
施工图会审	图纸会审和设计交底	施工单位参加图纸会审，有技术交底记录	SH 3542—2007，4.1
设备、材料检验	设备材料报验及开箱验收	进入现场的设备、材料必须具有出厂技术文件(装箱单、压力容器产品安全质量监督检验证明书、产品质量证明文件等)	SH 3543—1999，4.1.2；SH 3542—2007，3.2
		容器的半成品出厂应按规定附带符合要求的试板	SH 3543—1999，4.1.3
		焊接材料入库必须具有制造厂的质量证明书，必要时应进行复验。焊接材料库应符合规范要求，且焊接材料管理制度齐全	SH 3543—1999，4.2.1、4.2.4、4.2.7、4.2.9；SH 3542—2007，4.2.3

续表

检查项目	检查内容	有关要求	条款依据代码及出处
焊接工艺评定	审查焊接工艺评定	按《钢制压力容器焊接工艺评定》(JB 4708)的要求进行焊接工艺评定，并按合格的工艺评定制定《焊接工艺规程》	SH 3524—1999，6.1.4
		焊接材料应按设计图样或《焊接工艺规程》的规定选用	SH 3524—1999，6.1.5
焊工	焊工资格审查	参加容器现场组焊的焊工必须持有锅炉压力容器焊工合格证	SH 3524—1999，6.1.1
		焊工施焊的钢材种类、焊接方法和焊接位置均应与合格证上的项目相符	
设备基础	设备基础履行交付安装手续	设备基础经交接且复验合格	SH 3542—2007，4.6.1
交工技术文件或施工记录	交工资料报验	工程交工验收应按《工程建设交工技术文件规定》的要求编制技术文件，且应有完整的施工记录	SH 3524—1999，9.0.1~9.0.5；SH 3503—2007；SH 3543—2007
质量实体检查			
基础复验	基础外观质量检查	基础外观不得有裂纹、蜂窝、空洞及露筋等缺陷	SH 3542—2007，4.6.3
	基础复测记录检查	基础坐标位置(纵轴线、横轴线)允许偏差值±20mm	HGJ 208—1983，3.1.2；SH 3542—2007，4.6.1
		基础各不同平面的标高允许偏差值-20~0mm	HGJ 208—1983，3.1.2；SH 3542—2007，4.6.1
		预埋地脚螺栓标高(顶端)允许偏差值0~20mm，中心距允许偏差值±2mm，中心位置允许偏差值±10mm	HGJ 208—1983，3.1.2；SH 3542—2007，4.6.1

续表

检查项目	检查内容	有关要求	条款依据代码及出处
设备就位	设备就位	按设计图样仔细核对设备管口方位、地脚螺栓孔和基础中预埋地脚螺栓的位置和尺寸	HGJ 208—1983，3. 3. 1；SH 3542—2007，4. 5、5. 1. 1
		对带有膨胀节的设备，应按设备图样检查膨胀节的尺寸，吊装前，应核算膨胀节的强度，对强度不够者应加固后进行吊装	HGJ 208—1983，3. 3. 4；SH 3542—2007，5. 1. 2
找正与找平	安装基准线	设备的找正与找平应按基础上的安装基准线(中心标记、水平标记)对应设备上的基准测点进行调整和测量，设备支撑的底面标高应以基础的标高基准线为基准	HGJ 208—1983，3. 3. 5；SH 3542—2007，4. 4
	垫铁	设备找平时，应根据要求用垫铁调整；垫铁规格、布置应符合规范要求，不松动、接触较好，找正后采用定位焊固定；每组垫铁不超过 4 块，外露均匀(10~30mm)，斜垫铁搭接长度不小于全长的 3/4	HGJ 208—1983，3. 4. 6；SH 3542—2007，5. 7
	地脚螺栓	地脚螺栓的铅垂度允许偏差不得超过螺栓长度的 1/200，地脚螺栓与孔壁的距离不得小于 20mm，地脚螺栓底部与孔底的距离不得小于 80mm	HGJ 208—1983，3. 4. 1；SH 3542—2007，4. 6. 3
		地脚螺栓的安装质量：螺母的垫圈齐全、紧固均匀，螺栓螺纹无损伤并露出螺母；螺栓螺纹均匀露出螺母 2~3 扣，对外露的螺纹已涂防锈油脂	HGJ 208—1983，3. 4. 1、3. 4. 2；SH 3542—2007，4. 6. 3

续表

检查项目	检查内容	有关要求	条款依据代码及出处
找正与找平	滑动的地脚螺栓安装	在工作温度下产生膨胀或收缩的卧式设备，其滑动侧的地脚螺栓应先拧紧，当设备安装和管线连接完毕后，再松动螺母留下1~3mm的间隙值，然后将锁紧螺母再次紧固以保持这一间隙值。当采用滑动底板时，应清理设备支座的滑动面，并涂上润滑脂	HGJ 208—1983，3.4.3； SH 3542—2007，5.3.3
	垫铁组布置	每个地脚螺栓两侧均应有一组垫铁，垫铁组应尽量靠近地脚螺栓；相邻两垫铁组的间距，视设备底座的刚性程度确定，一般应为500mm左右。有加强筋的设备底座，垫铁组应垫在加强筋下。 中型和小型设备的垫铁组高度一般为30~60mm，大型设备的垫铁组高度一般为50~100mm；设备调整后，平垫铁应露出设备支座底板外缘10~20mm，斜垫铁应比平垫铁至少长出10mm。垫铁组伸入设备支座底面的长度应超过设备地脚螺栓，且应保证设备支座受力均衡	HGJ 208—1983，3.4.5、3.4.6； SH 3542—2007，5.7.1
	预留孔灌浆	设备经初步找正与找平后，可进行地脚螺栓预留孔的灌浆工作。预留孔灌浆后，当混凝土强度达到设计强度75%以上时，进行设备的最终找正与找平，以及紧固地脚螺栓的工作。设备安装精度经检查合格后，在隐蔽工程记录完备的情况下，进行二次灌浆层的灌浆工作	HGJ 208—1983，3.4.7； SH 3542—2007，5.6.2、5.8.3

续表

检查项目	检查内容	有关要求	条款依据代码及出处
设备内件安装	内件预组装	为了避免内件制造误差可能引起的安装困难，对内件应进行预组装，并在检查内件的总误差符合图样要求后，将各对口连接处打上标记	HGJ 208—1983，3. 5. 2；SH 3542—2007，5. 9. 2
	设备内的充填工作	设备内的充填工作除按设计图样和技术文件要求执行外，还应符合以下规定：①填料支撑装置的安装应平整、牢固。②填料应干净，不含泥沙及污物。③充填工作应在设备压力试验合格并吹扫干净后进行。④充填应均匀，高度应符合设计要求	HGJ 208—1983，3. 5. 7
清洗和封闭	设备封闭前的工作检查	设备封闭前，应进行清扫、冲洗和吹扫工作	HGJ 208—1983，3. 5. 7
	奥氏体不锈钢设备清洗	对奥氏体不锈钢设备(或衬里)用水冲洗后，应将水渍清理干净，当无法满足这一要求时，则应控制用水中的氯离子含量不超过 25mg/L	HGJ 208—1983，3. 6. 1；SH 3542—2007，5. 12. 1
	设备吹扫方案审查	设备吹扫应根据工艺要求和设备结构特点制定专门的吹扫方案	HGJ 208—1983，3. 6. 3
	设备封闭	设备表面处理、脱脂、吹扫清理、内件调整检查及充填结束后，必须由施工人员、检查人员和监理人员共同检查、确认合格后，方可封闭	HGJ 208—1983，3. 6. 9；SH 3542—2007，5. 12. 1、5. 12. 3
密封垫和螺栓的安装	密封垫安装前的检查	安装密封垫前，须再次检查，法兰密封面和密封垫的形式应相适应，密封面应光洁，无机械损伤、径向划痕、锈蚀等缺陷	HGJ 208—1983，3. 7. 1
	铜制、铝制垫圈热处理要求	对铜制、铝制垫圈进行热处理后，要用 0 号砂布沿圆周方向磨光，不得有径向沟槽、砂眼、裂纹及局部过热现象。热处理后的硬度值：紫铜为 30~50HB；铝为 15~30HB	HGJ 208—1983，3. 7. 2

续表

检查项目	检查内容	有关要求	条款依据代码及出处
密封垫和螺栓的安装	安装密封垫时涂润滑脂	安装密封垫时，应在密封垫的接触面上均匀地涂上一层薄薄的与介质不发生化学反应和污染产品的涂料或润滑脂，如鳞片状石墨、二硫化钼等	HGJ 208—1983，3.7.4；SH 3542—2007，5.1.7
	密封垫安装位置	密封垫应安装平正、位置准确，不得有偏斜或中心偏移，并应接触良好	HGJ 208—1983，3.7.5
	螺栓安装前的检查	在安装螺栓前，应再次进行检查，加工尺寸应准确，表面光洁，无裂纹、毛刺等缺陷	HGJ 208—1983，3.7.6
	螺栓安装要求	筒体与端盖法兰的相对位置必须安装准确，使所有的螺栓都能顺利穿入，不得受到任何强制力。并应在螺栓、螺母的螺纹与垫圈的接触面上涂鳞片状石墨或二硫化钼润滑脂	HGJ 208—1983，3.7.7；SH 3542—2007，5.1.7
压力试验	压力试验要求	压力试验应有相应方案，并由本单位安全部门检查和监督。压力试验应采用液压试验，当采用气压试验代替时必须符合相关规定	SH 3543—1999，8.1.5；SH 3542—2007，6.1.2
	设备耐压试验前的准备	设备耐压试验前，应熟悉设备结构和技术要求，设备内部应封闭良好，在设备最高处应设排气口	HGJ 208—1983，4.1.4；SH 3542—2007，6.1.8
	压力试验过程	在容器试压过程中，如发现缺陷，应先卸压，经处理后再重新试压	HGJ 208—1983，4.1.5、4.1.10；SH 3542—2007，6.1.11

续表

检查项目	检查内容	有关要求	条款依据代码及出处
压力试验	压力试验用表	装设两块压力表，压力表被装设在最高处和最低处，试验用压力表应以最高处的压力表读数为准。试验用压力表的表盘刻度的最大量程应为试验压力的 1.5~3 倍，且压力表直径不小于 100mm	HGJ 208—1983，4. 1. 8、4. 1. 9；SH 3542—2007，6. 1. 7
	耐压试验要求	液压试验时，试验压力不小于设计压力的 1. 25 倍；气压试验时，试验压力不小于设计压力的 1. 15 倍	HGJ 208—1983，4. 1. 11；SH 3542—2007，6. 2. 1
	压力试验完毕处理	压力试验完毕后，将容器最顶部放空阀门打开，然后从底部排放液体，以避免容器被抽空发生变形。应拆除所有临时连接，按规定清扫、封闭	HGJ 208—1983，4. 1. 11；SH 3543—1999，8. 1. 10；SH 3542—2007，6. 1. 12

5. 2　换热设备检维修质量控制

见表 3-4。

表 3-4　换热设备检维修质量控制

质量实体检查			
一般规定	设备基础	安装换热设备前，应清理干净基础表面，清除预留地脚螺栓孔内的杂物及积水，并应将基础表面铲成麻面	SH/T 3532—2005，6. 1. 1
	预埋板基础复查	安装换热设备前，应清除设备上的油污、泥土等污物，且应在基础滑动前预埋板上表面涂抹润滑脂，并进行下列检查：①按照设计文件核对设备的管口方位、中心线。必要时，计算重心位置。②核对设备地脚螺栓孔与基础预埋螺栓的位置及尺寸	SH/T 3532—2005，6. 1. 2

续表

质量实体检查			
一般规定	垫铁布置	应将换热设备垫铁布置在靠边的地脚螺栓和底座有加强筋部位的下方，且每个地脚螺栓旁边至少有一组垫铁，并应符合下列要求：①相邻两垫铁组间的距离不大于500mm。②应铲平放置垫铁处的混凝土基础表面，其尺寸宜比垫铁每边大50mm。③垫铁与基础接合面应均匀接触，接触面积应不小于70%	SH/T 3532—2005，6.1.3
	垫铁调整	使用斜垫铁与平垫铁时，每一组垫铁均应放置平稳、接触均匀，垫铁组应超过设备地脚螺栓的中心。设备调平后，每组垫铁均应被压紧，并用手锤逐个锤击进行听音检查。灌浆前，在垫铁之间进行定位焊，且应符合下列要求：①斜垫铁应成对使用，其搭接长度不小于全长的3/4。②垫铁组高度宜为30~70mm，每组垫铁块数不宜超过4块。③垫铁端面露出设备底板外缘的长度宜为10~30mm	SH/T 3532—2005，6.1.4
	地脚螺栓调整	安装预留孔地脚螺栓时，应清除干净地脚螺栓上的油污和氧化皮等，螺纹部分应涂油脂保护，地脚螺栓在预留孔中应垂直，任一部位离孔壁的距离均应大于14.5mm，底端不应触碰孔底，螺栓应露出螺母，其露出长度不小于2个螺距，拧紧地脚螺栓应在预留孔中的混凝土达到设计长度和强度后进行	SH/T 3532—2005，6.1.5

续表

质量实体检查			
一般规定	设备找正与找平	安装换热设备时，应按基础的安装基准线与设备上对应的基准点进行找正与找平，其允许偏差应符合相应的规定	SH/T 3532—2005，6.1.6
	设备测定基准点	换热设备找正与找平的测定基准点应符合下列规定：①设备支座（支架）的底面标高应以基础的标高基准线为基准。②设备的中心线位置应以基础的中心线为基准。③立式设备的垂直高度应以设备外壁0°、90°或180°、270°方位线为基准。④卧式设备的水平度应以设备两侧的方位线为基准。⑤套管式换热器水平度应以换热器顶层换热管的上表面为基准，单排管的垂直度应以一根支架柱的外侧面为基准	SH/T 3532—2005，6.1.7
	设备调整原则	换热设备找正与找平应采用垫铁或其他调整件进行，不得采用改变地脚螺栓紧固程度的方法	SH/T 3532—2005，6.1.8
	安装坡度	卧式换热设备的安装坡度，当设计文件无要求时，水平度偏差宜低于设备的排泄方向	SH/T 3532—2005，6.1.9
	滑动端要求	换热设备滑动支座长圆孔两端与基础地脚螺栓的间距应符合滑动的要求，找正与找平后应及时紧固地脚螺栓。换热设备的工艺配管完成后，应松动滑动端支座的螺母，使其与支座板间留有1~3mm的间隙，并紧固锁紧螺母	SH/T 3532—2005，6.1.10

续表

质量实体检查			
一般规定	设备安装后的保护	安装换热设备后，应封闭顶部开孔，并对法兰密封面、膨胀节及空冷式换热管翅片进行保护，氮气或其他惰性气体密封的换热设备应定期检查气封压力，安装奥氏体不锈钢换热器后，还应采取防止污染的措施	SH/T 3532—2005，6. 1. 11
管壳式换热器安装	安装要求	①管壳式换热器抽芯检查宜采用抽芯机械。②吊装换热器管束时，不得用钢丝绳或其他锐利的索具直接捆绑管束。管束水平放置时，必须支承在管板或支持板上。③安装换热器连接管时，不得强力装配。④重叠式换热器应按产品标识进行组装	SH/T 3532—2005，6. 2. 1～6. 2. 4
空冷式换热器安装	安装要求	①侧梁上带有伸缩用的滑导螺栓，吊装前必须进行紧固，安装后应予以松开。②漏气间隙大于 10mm 时，应采取有效的密封措施。③风机叶片应按产品的装配标记进行组装，风筒内壁与叶片尖的间隙应按产品技术文件要求调整均匀。④电动机及传动机构的安装、调整、试车，应符合产品技术文件的规定。⑤空冷器构架的垂直度应不大于构架高度的 $H/1000$，对角线差应不大于 10mm；顶平面水平度允许偏差为 $L/1000$，且不大于 4. 5mm，直线度应不大于 $L/1000$。注：H 为立式设备壳体两端测点距离；L 为卧式设备壳体两端测点距离。⑥管束与百叶窗的侧梁、横梁的直线度允许偏差为 2mm/m，全长为 4. 5mm，且不得下挠。百叶窗叶片开、闭灵活，在关闭位置，叶片之间的间隙应不大于 3mm	SH/T 3532—2005，6. 3. 1～6. 3. 6

续表

质量实体检查			
板片式换热器安装	设备清洗	安装板片式换热器前，应在清洗干净上导杆、下导杆的滑动表面后涂润滑脂；压紧板上的滑动轴承应清洁、转动灵活，检查合格后，应涂润滑脂(应在防爆环境中，且应涂防爆润滑脂)；管片组装后，管片侧面板边端处应平齐	SH/T 3532—2005，6.4.1
	设备安装	安装换热器时，应交错、对称、均匀地拧紧夹紧螺柱，并随时检测夹紧尺寸。两压紧板间的平行度偏差应符合下列规定：①夹紧尺寸小于1000mm时，平行度偏差应小于或等于2mm。②夹紧尺寸等于或大于1000mm时，平行度偏差应小于3*L*/1000，且小于4mm。注：*L*为卧式设备壳体两端测点距离。③当压紧全部板片时，管片侧面的斜对角线标志应形成一条完整的直线	SH/T 3532—2005，6.4.2
	设备接管	压紧板接管法兰密封面与接管中心线的垂直度偏差不应大于法兰外径的1%(法兰外径小于100mm时，按100mm计算)，且不大于3mm	SH/T 3532—2005，6.4.3
板翅式换热器安装	设备隔离	安装换热器时，在换热器支座与钢架之间应设置隔离垫块，宜采用浸煮沥青的木质垫块或泡沫混凝土垫块	SH/T 3532—2005，6.5.1
	设备脱脂	对有脱脂要求的换热器，在气密性试验后，必须进行脱脂处理	SH/T 3532—2005，6.5.2
	设备保护	换热器安装完毕，且各通道干燥后，应用0.02MPa的干燥氮气密封	SH/T 3532—2005，6.5.3
换热设备压力试验			
一般规定	压力表要求	压力试验应安装两块在检定有效期内的压力表。压力表的量程宜为试验压力的2倍，但不得低于1.5倍和不得高于4倍，精度不得低于1.5级	SH/T 3532—2005，7.1.3

续表

质量实体检查			
一般规定	压力表安装位置	压力表应安装在换热设备的最高处和最低处，试验压力值应以最高处的压力表读数为准	SH/T 3532—2005，7.1.4
	设备试压前的要求	试压前，应对换热设备进行外观检查，其表面应保持干燥	SH/T 3532—2005，7.1.5
	压差要求	对在压力试验中可能承受外压的受压元件，当设计文件有压差限制规定时，试压过程中两侧压差不得超过规定值	SH/T 3532—2005，7.1.7
	试压后及时排液	液压试验后，应将液体排净，并用压缩空气吹扫。气压和气密性试验后，应及时泄压	SH/T 3532—2005，7.1.8
液压试验	水质要求	在进行换热设备液压试验时，试验介质宜采用洁净水或其他液体。当奥氏体不锈钢换热设备用水进行液压试验时，水中的氯离子含量不应大于25mg/L	SH/T 3532—2005，7.2.1
	液压试验压力	卧式内压换热设备的液压试验压力，应按公式 $p_t = 1.25p\dfrac{[\sigma]}{[\sigma]_t}$ 计算。 式中　p——换热设备的设计压力，MPa； p_t——试验温度下的试验压力，MPa； $[\sigma]$——试验温度下材料的许用应力，MPa； $[\sigma]_t$——设计温度下材料的许用应力，MPa。 立式换热设备卧置做液压试验时，试验压力应为立置时试验压力加液柱静压力	SH/T 3532—2005，7.2.2
	设备试验液体温度	钢制换热设备液压试验时，碳素钢、16MnR、15MnNbR 和正火 15MnVR 制换热设备液体温度不得低于5℃；对于其他低合金钢制换热设备，液压试验时液体温度不得低于15℃；其他材料制作的换热设备或板厚等因素造成材料无延性转变温度升高时，液压试验的液体温度应符合设计文件的要求；液压试验时，液体的温度应低于其沸点或闪点	SH/T 3532—2005，7.2.3

续表

质量实体检查			
液压试验	试压要求	液压试验时，压力应缓慢上升，达到试验压力后，保压时间不宜少于10min。然后将压力降至设计压力，保持时间不少于30min，对所有焊缝和连接部位进行检查，以无渗漏、无可见的异常变形为合格	SH/T 3532—2005，7.2.4
气压试验	安全要求	气压试验必须有经施工单位技术总负责人批准的安全技术措施，并在试压过程中进行安全监督	SH/T 3532—2005，7.3.1
	试验介质	换热设备进行气压试验时的试验介质，应采用干燥且洁净的空气、氮气或其他惰性气体	SH/T 3532—2005，7.3.2
	气压试验压力	换热设备的气压试验压力，应按公式 $p_t = 1.15p\dfrac{[\sigma]}{[\sigma]_t}$ 计算。 式中，物理量意义同“液压试验压力”	SH/T 3532—2005，7.3.3
	气压试验温度	碳素钢和低合金钢制换热设备，气体温度不得低于15℃。其他材料制造的换热设备，气体温度应符合设计文件的规定	SH/T 3532—2005，7.3.4
	试压过程	气压试验时，压力应缓慢上升，当达到试验压力的10%，且不超过0.05MPa，保压5min后，对所有焊缝和连接部位进行初次泄漏检查。初次泄漏检查合格后，再继续缓慢升压至试验压力的50%，其后按试验压力10%的级差逐级升至试验压力，保压10min后，将压力降至设计压力，保持时间不少于30min，对所有焊缝和连接部位进行检查，以无漏气、无可见的异常变形为合格	SH/T 3532—2005，7.3.5

6　附件

施工图核查记录表(同表1-6)。

施工组织设计(方案)报审表(同表1-7)。

技术交底记录表(同表1-8)。

开箱检验记录表(同表1-9)。

特殊工种作业人员登记表(同表1-10)。

合格焊工登记表(同表1-11)。

管道焊接工艺检查记录表(同表1-12)。

周期检定计量器具清单(同表1-13)。

焊条烘烤记录表(同表1-14)。

焊材库温/温度记录表(同表1-15)。

射线检测结果确认表(同表1-17)。

隐蔽工程记录表(同表1-19)。

超声测厚报告(表3-5)。

立式设备安装检验记录表(表3-6)。

卧式设备安装检验记录表(表3-7)。

炉管焊接接头射线检测确认表(表3-8)。

设备充填检验记录表(表3-9)。

设备气密性试验记录表(表3-10)。

设备耐压/严密性试验记录表(表3-11)。

表 3-5 超声测厚报告

SH/T 3503—J125—1	超声测厚报告	工程名称： 单元名称：

委托单位		报告编号		检件编号	
承包单位		检件名称		检件规格	mm
检件材质		检测比例	%	测量精度	mm
设备型号		耦合剂		表面状态	

部位编号	测点编号	公称厚度/mm	实测厚度/mm	部位编号	测点编号	公称厚度/mm	实测厚度/mm

测点示意图：

检测人： 日期：　　年　月　日	审核人： 日期：　　年　月　日	检测单位：　　（公章） 报告日期：　年　月　日

表 3-6　立式设备安装检验记录表

SH/T 3503—J314	立式设备安装检验记录表		工程名称： 单元名称：
设备名称		设备位号	
规格			

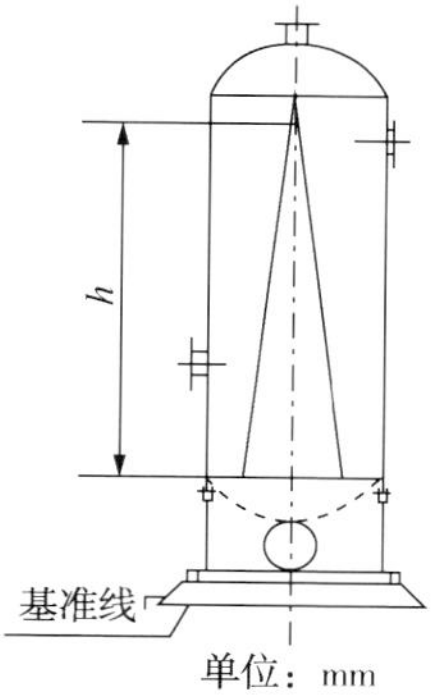

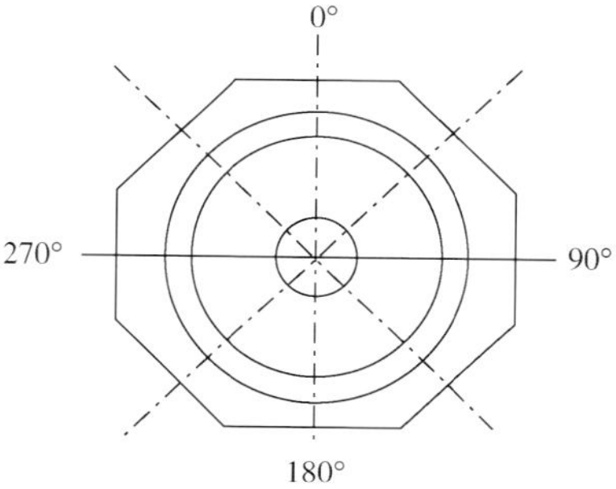

注：*h* 为两测点间的距离，取 *h* =　　　　mm。

项目	测量部位	允许值	实测值	项目	测量部位	允许值	实测值
标高偏差	0°			支座中心位置偏差	0°		
	90°				90°		
	180°				180°		
	270°				270°		
垂直偏差	0°/180°			方位偏差	0°		
	90°/270°						

检验结论：

施工单位	监理单位	业主单位
专业工程师： 质量检查员： 施工班组长： 日期：　　年　月　日	专业工程师： 日期：　　年　月　日	专业工程师： 日期：　　年　月　日

表 3-7　卧式设备安装检验记录表

SH/T 3503—J315	卧式设备安装检验记录表		工程名称： 单元名称：
设备名称		设备位号	
规格			

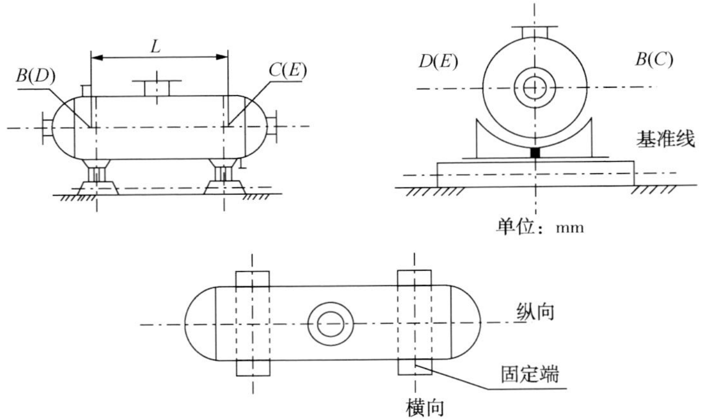

注：1. 图中 B、C、D、E 为设备筒体水平度测量基准点。

2. 设备安装标高测量值为设备基础上的标高基准线到设备支座底板下表面的距离。

3. L 为两端测点间的距离，取 L = 2300mm。

项目	测量部位	允许值/mm	实测值	项目	测量部位	允许值/mm	实测值
支座中心位置偏差	纵向	5		纵向水平偏差	B-C	2.3	
	横向	5			D-E	2.3	
支座标高偏差	滑动端	±5		横向水平偏差	B-D	1.0	
	固定端	±5			C-E	1.0	
滑动端支座滑动裕量		1.5mm		螺母松开和锁紧情况		锁紧	

检验结论：

施工单位	监理单位	业主单位
专业工程师： 质量检查员： 施工班组长： 日期：　　年　月　日	专业工程师： 日期：　　年　月　日	专业工程师： 日期：　　年　月　日

表 3-8　炉管焊接接头射线检测确认表

<table>
<tr><td colspan="2">SH/T 3503—J412</td><td colspan="7">炉管焊接接头射线检测确认表</td><td colspan="2">工程名称：
单元名称：</td></tr>
<tr><td>执行标准</td><td colspan="2"></td><td>检测方法</td><td colspan="3"></td><td colspan="2">检测比例</td><td colspan="2">%</td></tr>
<tr><td rowspan="2">管道编号</td><td rowspan="2">材质</td><td rowspan="2">规格/
mm</td><td colspan="2">管道焊接接头</td><td colspan="2">施焊焊工</td><td colspan="2">检测焊接接头</td><td rowspan="2">实际检测
比例</td><td rowspan="2">检测报告
编号</td></tr>
<tr><td>总数</td><td>固定口数</td><td>焊工代号</td><td>施焊数量</td><td>总数</td><td>固定口数</td></tr>
<tr><td></td><td></td><td></td><td></td><td></td><td></td><td></td><td></td><td></td><td></td><td></td></tr>
<tr><td></td><td></td><td></td><td></td><td></td><td></td><td></td><td></td><td></td><td></td><td></td></tr>
<tr><td></td><td></td><td></td><td></td><td></td><td></td><td></td><td></td><td></td><td></td><td></td></tr>
<tr><td></td><td></td><td></td><td></td><td></td><td></td><td></td><td></td><td></td><td></td><td></td></tr>
<tr><td></td><td></td><td></td><td></td><td></td><td></td><td></td><td></td><td></td><td></td><td></td></tr>
<tr><td></td><td></td><td></td><td></td><td></td><td></td><td></td><td></td><td></td><td></td><td></td></tr>
<tr><td></td><td></td><td></td><td></td><td></td><td></td><td></td><td></td><td></td><td></td><td></td></tr>
<tr><td>小计</td><td></td><td></td><td></td><td></td><td></td><td></td><td></td><td></td><td></td><td></td></tr>
<tr><td>备　注</td><td colspan="10">焊口位置与检测焊口见管道单线图与无损检测报告</td></tr>
<tr><td colspan="3">施工单位</td><td colspan="4">检测单位</td><td colspan="2">监理单位</td><td colspan="2">业主单位</td></tr>
<tr><td colspan="3">专业工程师：
质量检查员：
制　表　人：
日期：　　　年　月　日</td><td colspan="4">专业工程师：

日期：　　　年　月　日</td><td colspan="2">专业工程师：

日期：　　　年　月　日</td><td colspan="2">专业工程师：

日期：　　　年　月　日</td></tr>
</table>

表 3-9　设备充填检验记录表

SH/T 3503—J317	设备充填检验记录表	工程名称： 单元名称：

设备名称		设备位号	
规格			

分段编号	填料名称	填料规格	充填高度/m		充填量/m^3		备注
			设计值	实际值	设计值	实际值	

检验结论：

施工单位	监理单位	业主单位
专业工程师： 质量检查员： 施工班组长： 日期：　　年　月　日	专业工程师： 日期：　　年　月　日	专业工程师： 日期：　　年　月　日

表 3-10 设备气密性试验记录表

SH/T 3503—J328	设备气密性试验记录表			工程名称： 单元名称：	
设备名称		设备位号		产品编号	
设备型号			操作介质		
设计压力			设计温度	℃	
压力表编号		压力表精度等级		压力表检定日期	
压力表量程		压力表表盘直径		环境温度	℃
奥氏体不锈钢设备试验用水中氯离子含量		mg/L		试验介质温度	℃

试验程序：

试验类型	试验部位	试验介质	介质温度/℃	试验压力/MPa	保压时间/min	试验日期	试验结果	检查人员		
								建设/监理单位	总承包单位	施工单位
气密性试验										
严密性试验										

补充试验：

施工单位	监理单位	业主单位
专业工程师： 质量检查员： 施工班组长： 日期：　　年　月　日	专业工程师： 日期：　　年　月　日	专业工程师： 日期：　　年　月　日

表 3-11　设备耐压/严密性试验记录表

<table>
<tr><td colspan="2">SH/T 3503—J329</td><td colspan="2">设备耐压/严密性
试验记录表</td><td>工程名称：
单元名称：</td></tr>
<tr><td colspan="2">试验类型</td><td>□水压　□气压　□气密</td><td>产品编号</td><td></td></tr>
<tr><td colspan="2">设备名称</td><td></td><td>设备位号</td><td></td></tr>
<tr><td colspan="2">设计压力</td><td>MPa</td><td>操作介质</td><td></td></tr>
<tr><td colspan="2">设计温度</td><td>℃</td><td>压力表
编号</td><td></td></tr>
<tr><td colspan="2">压力表
精度等级</td><td></td><td>压力表
量程</td><td>MPa</td></tr>
<tr><td colspan="2">压力表
检定日期</td><td></td><td>压力表
表盘直径</td><td>mm</td></tr>
<tr><td colspan="2">环境温度</td><td>℃</td><td>试验介质
温度</td><td>℃</td></tr>
<tr><td colspan="4">奥氏体不锈钢设备试验用水中氯离子含量</td><td>mg/L</td></tr>
<tr><td rowspan="3">耐压
试验</td><td>试验部位</td><td></td><td>试验介质</td><td></td></tr>
<tr><td>试验压力</td><td>MPa</td><td>保压时间</td><td>min</td></tr>
<tr><td>试验结论</td><td colspan="3">□有渗漏　□无渗漏
□有可见异常变形　□无可见异常变形
□有异常响声　□无异常响声
□不合格　□合格</td></tr>
<tr><td rowspan="3">严密性
试验</td><td>试验部位</td><td></td><td>试验介质</td><td></td></tr>
<tr><td>试验压力</td><td>MPa</td><td>保压时间</td><td>min</td></tr>
<tr><td>试验结论</td><td colspan="3">□有渗漏　□无渗漏
□有可见异常变形　□无可见异常变形
□有异常响声　□无异常响声
□不合格　□合格</td></tr>
<tr><td>补充
试验</td><td colspan="4"></td></tr>
<tr><td colspan="2">施工单位</td><td colspan="2">监理单位</td><td>业主单位</td></tr>
<tr><td colspan="2">专业工程师：
质量检查员：
施工班组长：
日期：　　年　月　日</td><td colspan="2">专业工程师：

日期：　　年　月　日</td><td>专业工程师：

日期：　　年　月　日</td></tr>
</table>

第 4 章　在线工业炉衬里修复改造质量控制

1　工程概况

在线工业炉衬里修复改造是中国石化西南油气分公司元坝净化厂装置检维修项目中的重要内容之一。在线工业炉衬里修复改造质量控制主要是对工业炉衬里修复改造过程中的施工质量和工业炉实体质量进行控制。

2　改造内容

工业炉修复改造内容见表 4-1。

表 4-1　工业炉修复改造

单元	装置	数量/台	主要修复改造内容
尾气处理单元	尾气焚烧炉	2	开人孔检查，衬里修复
	加氢反应炉	2	原衬里拆除，新衬里施工
硫黄回收单元	克劳斯炉	2	原衬里拆除，新衬里施工

3　修复改造工程重点控制措施

在线工业炉衬里修复改造施工技术难度大、质量要求高是本次检维修项目的特点。同时，在线工业炉衬里修复也是本次检维修的重点工作。其重点控制措施如下：

（1）针对在线工业炉衬里修复，要求参建单位在熟悉检维修任务和相关图纸，以及设计文件的前提下，编制完善的施工质量计划/施工组织设计，形成专项施工方案、施工工艺，并报净化厂检维修领导小组审批。必须在停工检维修前完成所有施工方案、施工工艺的审批工作，以及作业人员进场前的所有技术、安全交底工作。

（2）在线工业炉衬里修复控制措施应从衬里的验收、安装、检验和烘炉后衬里复检等方面进行。

（3）在线工业炉衬里修复改造项目中，浇注料的局部修补是在线工业炉衬里修复改造的难点。在对浇注料的质量控制中，根据《石油化工设备维护检修规程》规定，必须采取以下措施：

① 当浇注料中出现宽度大于 6mm 的较长裂缝或出现脱落时，应进行修理或更换。

② 在局部修补时，要铲除比损伤部位稍大范围的耐火混凝土，其范围至少应包括 2 个锚固钉，以支承修补部分。若锚固钉有损坏或烧蚀，应更换为新的锚固钉。

③ 在浇注前，应将原有混凝土的铲除面与炉壁或保温板充分湿润，用于修补的材料，原则上要与原来施工时所使用的材料相同。

④ 浇注料必须按规定比例混配，加水量应严格按照设计要求添加，加水前、后，应将浇注料充分搅拌均匀。

⑤ 搅拌后的浇注料应立即被使用，不能超过其初凝时间，并不得使用已经开始硬化的材料。

4　质量控制目标

为确保在线工业炉衬里修复改造项目的工程质量，有效地对在线工业炉修复改造工程质量进行预控，必须明确本工程施工方案的要求，依据现行规范条文、施工图纸和相关设计文件等资料，对在线工业炉修复改造工程中，对装置结构安全、使用安全和使用功能有重大影响，且继续施工会对后续工程质量造成严重影响的工序、部位或薄弱环节，以及采用新技术、新工艺、新材料的部位设置质量控制点，并从严控制，使在线工业炉的修复改造工程质量始终处于受控状态，并始终符合现行施工及验收技术标准和规范的要求，从而使在线工业炉衬里修复改造工程质量得到切实保证。

在线工业炉衬里修复改造工程的既定质量目标：单位工程质量合格率达 100%，其中优良率达 90%，焊接一次合格率达 96%，焊缝、法兰等密封面无泄漏，投料试车一次成功。

5　质量控制点

5.1　质量控制点设置与分级

设置质量控制点，对施工过程实行工程质量控制，控制点分为 A 级、B 级和 C 级三个级别：

（1）A 级质量控制点：影响工程质量的关键点及须停车检查点(共检点)。该质量控制点未经检验或检查合格，不得进入下道工序。检验和检查由西南油气分公司设备管理部、净化厂设备管理办公室、车间专业工程师和监理单位专业工程师，以及检维修施工单位项目质量工程师、质量检查员共同检查、确认、签字。

（2）B 级质量控制点：基本点即见证点。检验和检查由净化厂设备管理办公室、监理单位专业工程师、车间专业工程师和检维修施工单位质量检查员共同检查、确认、签字。

（3）C 级质量控制点：一般检查点即巡测点。检验和检查由车间专业工程师、监理单位专业工程师通过日常巡检进行，检维修施工单位质量检查员自检确认、认证。

5.2　修复改造控制点

见表 4-2。

表 4-2　在线工业炉修复改造控制点

序号	检查内容	质量控制点	检查表格
1	图纸会审	A 级	表 1-6
2	施工组织设计审查	A 级	表 1-7
3	施工方案审查	A 级	表 1-7
4	施工技术交底审查	B 级	表 1-8

续表

序号	检查内容	质量控制点	检查表格
5	材料、构(配)件检查	A 级	表 1-9
6	设备开箱验收	A 级	表 1-9
7	特殊工种作业人员资质审查	B 级	表 1-10
8	焊工资质审查	B 级	表 1-11
9	焊接工艺评定审查	B 级	表 1-12
10	无损检测人员资质审查	B 级	表 1-10
11	计量器具审查	B 级	表 1-13
12	施工前安全检查	B 级	无
13	《焊接工艺评定报告》和《焊接作业指导书》	B 级	表 1-12
14	焊条的存放、烘烤及发放检查	B 级	表 1-14、表 1-15
15	施焊条件检查	B 级	无
16	炉管的坡口等检查	B 级	无
17	管道施工	B 级	无
18	炉管安装	B 级	无
19	支架安装	B 级	表 4-6
20	炉管焊接过程	B 级	无
21	炉管无损检测标准	B 级	无
22	无损检测要求	B 级	无
23	炉管焊后热处理	B 级	表 1-16
24	炉管压力试验	A 级	表 1-18
25	燃烧器的更换	B 级	表 4-5
26	隐蔽工程检查	A 级	表 1-19
27	作业门、看火门的安装	B 级	表 4-6

注：表格中仅对 A 级控制点、B 级控制点的检查内容和使用表格进行叙述，对 C 级控制点不进行叙述。

5.3 修复改造质量控制措施

见表4-3。

表4-3 在线工业炉修复改造质量控制

检查项目	检查要求	条款依据代码及出处
施工准备检查		
图纸会审	必须进行施工图会审且有技术交底记录	SH 3542—2007，4.1
施工组织设计审查	①施工单位应具有与所承接工程内容相应的专业资质。②质保体系应满足项目要求	GB 50461—2008，3.1.1
施工方案审查	方案完整、正确，以及具有针对性	SH 3542—2007，4.1
材料、构(配)件检查	①拱结构、螺栓、炉管、管件、支承悬吊系统、焊接材料和锚固件均应有产品质量证明文件，且有可追溯性。②对钢结构进行外观检查，其不得有严重变形、锈蚀和损伤，钢材表面损伤深度不得大于钢材厚度负偏差的1/2。③炉管、管件的产品质量证明文件中应包含耐压强度试验结果，对没有耐压试验合格证明文件的炉管，在安装管件前须进行耐压试验，且试验压力应符合设计文件规定	SH 3506—2007，4.3、4.4、5.1
焊工资质检查	①钢结构焊工须按《现场设备、工业管道焊接工程施工规范》(GB 50236)的规定经考试合格。②炉管焊工应按《锅炉压力容器压力管道焊工考试与管理规则》参加考试；承担对流段炉管弯头焊接的焊工，须通过水平固定管状试件考试	SH 3506—2007，4.9
焊接工艺评定审查	审查钢结构、炉管焊接工艺评定	SH 3506—2007，4.2.3；GB 50205—2001，5.2.3
无损检测人员资质审查	无损检测人员资质必须符合《特种设备无损检测人员考试与监督管理》的规定	SH 3506—2007，4.10

续表

检查项目	检查要求	条款依据代码及出处
计量器具审查	计量器具应经过检定、校准，并在有效检定期内	GB 50461—2008，3.2.1、3.2.2
施工过程技术文件审查	材料、工序在报验前，施工单位应按规范提交施工过程技术文件	SH/T 3543—2007；SH/T 3503—2007；SH/T 3506—2007
施工前安全检查	检维修前，对隔断与炉内相连的工艺管道(加盲板)，应进行充分吹扫并保持炉内空气畅通，在化验合格、符合有关安全规定后，方可进入炉内进行检查、检维修	SHS 01006—2004，3.1.6
工程实体质量检查		
《焊接工艺评定报告》和《焊接作业指导书》	①炉管及炉体在配管前，应进行焊接工艺评定和焊工考试，并编制《焊接作业指导书》。②炉管及炉体配管焊接应按《焊接作业指导书》的要求进行，并应控制和记录焊接过程线能量。③焊接应从调节余量小的部位开始，焊接顺序应在施工方案中予以说明，并严格按施工方案实施	SH/T 3506—2007，7.2.4.2~7.2.4.4
焊条的存放、烘烤及发放检查	使用焊条前，应按规范要求进行烘干和储存，领用的焊条在保温筒内存放不得超过4h，退库的焊条应重新烘干，重复烘干次数不得超过两次。使用焊丝前，应除去锈斑和油污	SH/T 3506—2007，7.2.1.1
施焊条件检查	施焊条件应符合相关规范的规定，炉管施焊前两端应采取措施进行封闭	无
炉管坡口等检查	①炉管坡口应采取机械方法加工，炉管焊接的引弧应在坡口内进行，不得在焊件表面引弧。②焊接前，应检查坡口的加工质量及尺寸，炉管和跨接管的焊接坡口还应经渗透检测合格	SH/T 3506—2007，7.2.2.1、7.2.4.5

续表

检查项目	检查要求	条款依据代码及出处
管道施工	可燃介质管道施工应符合《石油化工有毒、可燃介质钢制管道工程施工及验收规范》(SH 3501)的规定。非可燃介质管道可按《工业金属管道工程施工规范》(GB 50235)的要求施工	SH/T 3506—2007, 7.2.3.1
炉管安装	辐射段炉管和对流段炉管之间，以及对流段各组之间的横跨管的安装，应根据实际安装长度逐根下料，并留出设计文件规定的预拉伸量，辐射段炉管不得打焊工代号钢印	SH/T 3506—2007, 7.2.3.2、7.2.3.6
支架安装	炉体配管支架、吊架位置及管道坡度与弹簧支架、吊架的安装应符合设计文件要求	SH/T 3506—2007, 7.2.3.3
炉管焊接过程	①底层焊接应充分熔透，并应采用氩弧焊。焊完后应进行外观检查或渗透检测，如有裂纹等缺陷，应予以清除。高合金管氩弧焊打底时，管内应充氩气进行保护。②高合金管焊接时，除底层焊道应做渗透检测外，其余每层焊道均应进行外观检查，如发现裂纹等缺陷，在用砂轮磨去后方可进行下一层焊接。③辐射段炉管和对流段炉管，以及炉体配管中的高压管道和可燃介质管道的焊接过程应有记录，并绘制焊缝布置图，注明焊缝号及焊工代号。④炉管组对前，应清除坡口表面及坡口边缘内侧、外侧不小于20mm范围内的油、漆、垢、锈和毛刺。对镍铬奥氏体钢炉管坡口的清理、修整应使用专用不锈钢丝刷或刚玉砂轮。⑤炉管组对应符合下列规定：a. 高合金炉管组对时，应做到内口平齐，对口内壁错边量应小于0.5mm。b. 其他炉管组对时，对口内壁错边量应小于1mm。⑥定位焊用的焊接材料应与正式焊接时所用的材料相同，并应执行相同的焊接工艺。⑦铬钼钢炉管焊接应采用与其相匹配的珠光体耐热钢焊条。⑧炉管对焊接宜用氩弧焊打底，并在管内充氩气进行保护。氩气纯度应在99.96%以上	SH/T 3506—2007, 7.2.4.6~7.2.4.12、7.2.4.14

续表

检查项目	检查要求	条款依据代码及出处
炉管无损检测标准	炉管和炉体配管的对接焊缝无损检测应按《长颈对焊法兰》(JB/T 4703)进行。射线透照质量等级不得低于 AB 级	SH/T 3506—2007，7.3.4
无损检测要求	①炉管和炉体配管对接焊缝应进行100%射线检测和渗透检测。在进行缺陷射线检测时，合格等级不低于Ⅱ级，渗透检测不得有线性缺陷。②炉体配管中的可燃介质管道的对接焊缝的射线检测抽查比例和焊缝缺陷等级评定，应按《石油化工有毒、可燃介质钢制管道工程施工及验收规范》(SH 3501)的规定进行。设计压力大于1MPa的非可燃介质管道焊缝应按下列规定进行无损检测和评定：a. 当设计压力大于或等于10MPa时，应对焊缝全部进行射线检测，合格等级不得低于Ⅱ级。b. 当设计压力大于1MPa而小于10MPa，且设计温度大于或等于400℃时，应按焊缝数量的10%进行射线抽检，合格等级不得低于Ⅲ级。c. 其他非可燃介质管道应按焊缝数量的5%进行射线抽检，合格等级不得低于Ⅲ级。③射线抽检中发现不合格焊缝时，应在同一管道上该焊工所焊的焊缝中加倍抽检，如仍有不合格焊缝，则应对该管道上该焊工所焊焊缝100%进行检验	SH/T 3506—2007，7.3.5~7.3.7
炉管焊后热处理	①炉管和炉体配管焊后热处理应按《石油化工有毒、可燃介质钢制管道工程施工及验收规范》(SH 3501)和《石油化工管式炉碳钢和铬钼钢炉管焊接技术条件》(SH 3085)的有关规定执行。②焊后热处理的加热方法宜采用电加热法。③硬度值应符合《石油化工有毒、可燃介质钢制管道工程施工及验收规范》(SH 3501)和《石油化工管式炉碳钢和铬钼钢炉管焊接技术条件》(SH 3085)的要求。④热处理后进行返修的焊缝，待检验合格后，应重新进行热处理	SH/T 3506—2007，7.4.1~7.4.3；SH/T 3085—1997，5.4.7、5.4.11

续表

检查项目	检查要求	条款依据代码及出处
炉管压力试验	① 炉管改造后，必须进行整体强度试验，炉管系统的强度试验压力和方法应按照设计文件的规定进行。当设计文件中无规定时，应按《工业金属管道工程施工规范》(GB 50235)的规定执行。②试压前，检查炉管及与炉管有关的钢结构、管架、管板、仪表管嘴等的安装和筑炉施工是否符合设计文件的规定。③液压试验应使用洁净水，奥氏体不锈钢炉管试验用水中的氯离子含量应小于25mg/L。水压试验前注液体时，应将管内空气排净。碳钢和奥氏体不锈钢炉管试验时，环境温度不宜低于5℃；铬钼钢炉管试验时，环境温度不宜低于15℃。否则，应采取加热或防冻措施。④试验压力表应校验合格，精度不低于1.5级，压力表的满刻度值为最大被测压力的1.5~2倍，且不少于两块压力表。⑤试压合格后，必须立即将水放净，并用压缩空气或氮气将水吹扫干净	SHS 01006—2004，4.1
燃烧器的更换	①安装前，应对燃烧器进行检验，经检验合格后安装。②燃烧器安装位置偏差应小于8mm。③在安装燃烧器喷嘴时，点火孔位置应按设计文件的规定进行对中，安装后应对喷嘴采取保护措施，不得有污物进入导管及喷头。④燃烧器安装调整后，应将固定螺栓拧紧，并将其与墙板内侧焊牢。⑤燃烧器配管时不得强力组对，且不得移动已调整合格的燃烧器及附件。⑥燃烧器喷嘴及供气、供油、供汽系统的管路应畅通无阻；连接部位应严密、无泄漏；一次、二次风门等调节机构应准确，且转动应灵活	SH/T 3506—2007，8.2
作业门、看火门和防爆门的安装	①烟道、风道挡板叶片和转轴之间的连接螺栓被安装后，应进行有效固定或定位焊，烟道、风道挡板和烟囱挡板的调节系统应经过试验，其启、闭应准确，转动应灵活，开、关位置应与标记一致。挡板与内壁的间隙应符合设计文件的要求。②作业门、看火门和防爆门的安装位置偏差应小于8mm。作业门与门框、看火门与门盖均应接触严密、转动灵活。③重力式防爆门的门盖质量符合设计文件的规定，铰链转动应灵活	SH/T 3506—2007，8.3~8.6

6 附件

施工图核查记录表(同表1-6)。
施工组织设计(方案)报审表(同表1-7)。
技术交底记录表(同表1-8)。
开箱检验记录表(同表1-9)。
特殊工种作业人员登记表(同表1-10)。
合格焊工登记表(同表1-11)。
管道焊接工艺检查记录表(同表1-12)。
周期检定计量器具清单(同表1-13)。
焊条烘烤记录表(同表1-14)。
焊材库温度/湿度记录表(同表1-15)。
管道焊接接头热处理报告(同表1-16)。
射线检测结果确认表(同表1-17)。
管道系统耐压试验条件确认与试验记录(同表1-18)。
隐蔽工程记录表(同表1-19)。
超声测厚报告(同表3-5)。
炉管焊接接头射线检测确认表(同表3-8)。
耐火浇注料炉衬质量检验记录表(表4-4)。
燃烧器安装检查记录表(表4-5)。
管式炉附件安装质量检验记录表(表4-6)。
管式炉炉体钢结构安装检验记录表(表4-7)。

表 4-4　耐火浇注料炉衬质量检验记录表

<table>
<tr><td colspan="2">SH/T 3503—J335</td><td colspan="3">耐火浇注料炉衬
质量检验记录表</td><td colspan="2">工程名称：
单元名称：</td></tr>
<tr><td>设备名称</td><td colspan="3"></td><td>设备位号</td><td colspan="2"></td></tr>
<tr><td colspan="2">检验项目</td><td>允许值/mm</td><td>实测最大值/mm</td><td>实测点数/个</td><td>合格点数/个</td><td>合格率/%</td></tr>
<tr><td colspan="2">炉衬厚度偏差</td><td></td><td></td><td></td><td></td><td></td></tr>
<tr><td colspan="2">炉衬表面平整度</td><td></td><td></td><td></td><td></td><td></td></tr>
<tr><td colspan="2">炉衬表面垂直度</td><td></td><td></td><td></td><td></td><td></td></tr>
<tr><td colspan="2">膨胀缝宽度偏差</td><td></td><td></td><td></td><td></td><td></td></tr>
<tr><td colspan="2">箱式炉几何尺寸偏差</td><td></td><td></td><td></td><td></td><td></td></tr>
<tr><td colspan="2">圆筒炉衬圆度</td><td></td><td></td><td></td><td></td><td></td></tr>
<tr><td colspan="2">圆筒炉衬内半径偏差</td><td></td><td></td><td></td><td></td><td></td></tr>
<tr><td colspan="2">检查项目</td><td colspan="3">检查要求</td><td>检查结果</td><td>检查日期</td></tr>
<tr><td colspan="2">材料质量证明文件及复验报告</td><td colspan="3">符合设计及规范要求，复验合格</td><td></td><td></td></tr>
<tr><td colspan="2">炉壁板表面处理</td><td colspan="3">符合规范要求</td><td></td><td></td></tr>
<tr><td colspan="2">锚固钉布置、间距、焊接</td><td colspan="3">符合设计及规范要求</td><td></td><td></td></tr>
<tr><td colspan="2">钢纤维加入时机和数量</td><td colspan="3">符合规范要求</td><td></td><td></td></tr>
<tr><td colspan="2">施工缝形式</td><td colspan="3">符合规范要求</td><td></td><td></td></tr>
<tr><td colspan="2">养护环境温度、养护时间</td><td colspan="3">符合设计及规范要求</td><td></td><td></td></tr>
<tr><td colspan="2">表面质量</td><td colspan="3">符合规范要求</td><td></td><td></td></tr>
<tr><td colspan="2">工程试块</td><td colspan="3">符合设计及规范要求</td><td></td><td></td></tr>
<tr><td colspan="7">备注：</td></tr>
<tr><td colspan="7">检验结论：</td></tr>
<tr><td colspan="2">施工单位</td><td colspan="3">监理单位</td><td colspan="2">业主单位</td></tr>
<tr><td colspan="2">专业工程师：
质量检查员：
施工班组长：

日期：　　年　月　日</td><td colspan="3">专业工程师：

日期：　　年　月　日</td><td colspan="2">专业工程师：

日期：　　年　月　日</td></tr>
</table>

表 4-5 燃烧器安装检查记录表

SH/T 3543—G344	燃烧器安装检查记录表	工程名称： 单元名称：	
设备名称		设备位号	

内件清洗与检查记录：

单位：mm

燃烧器编号	标高偏差		中心位置偏差			垂直偏差		水平偏差		喷嘴伸出长度	
	允许值	实测值	允许值	实测值		允许值	实测值	允许值	实测值	允许值	实测值
				横向	纵向						

燃烧器编号示意图及说明：

结论：

施工班组长： 日期：　　年　月　日	专业工程师： 日期：　　年　月　日	质量检查员： 日期：　　年　月　日

表 4-6　管式炉附件安装质量检验记录表

<table>
<tr><td>SH/T 3503—J333</td><td colspan="2">管式炉附件安装质量检验记录表</td><td colspan="2">工程名称：
单元名称：</td></tr>
<tr><td>设备名称</td><td></td><td>设备位号</td><td colspan="2"></td></tr>
<tr><td>序号</td><td>检查项目</td><td>检查要求</td><td>检查结果</td><td>检查日期</td></tr>
<tr><td>1</td><td>燃烧器内件清洗、组装</td><td>符合规范规定</td><td></td><td></td></tr>
<tr><td>2</td><td>燃烧器安装标高、中心位置、水平度/垂直度</td><td>符合设计和规范规定</td><td></td><td></td></tr>
<tr><td>3</td><td>作业门安装标高、中心位置</td><td>符合设计和规范规定</td><td></td><td></td></tr>
<tr><td>4</td><td>防爆门安装标高、中心位置</td><td>符合设计和规范规定</td><td></td><td></td></tr>
<tr><td>5</td><td>看火孔安装标高、中心位置</td><td>符合设计和规范规定</td><td></td><td></td></tr>
<tr><td>6</td><td>清理孔安装标高、中心位置</td><td>符合设计和规范规定</td><td></td><td></td></tr>
<tr><td>7</td><td>吹灰器安装标高、中心位置、水平度</td><td>符合设计和规范规定</td><td></td><td></td></tr>
<tr><td>8</td><td>吹灰器调试</td><td>符合规范规定</td><td></td><td></td></tr>
<tr><td>9</td><td>风道系统安装</td><td>符合规范规定</td><td></td><td></td></tr>
<tr><td>10</td><td>烟道系统安装</td><td>符合规范规定</td><td></td><td></td></tr>
<tr><td colspan="5">检验结论：</td></tr>
<tr><td colspan="5">备注：</td></tr>
<tr><td colspan="2">施工单位</td><td>监理单位</td><td colspan="2">业主单位</td></tr>
<tr><td colspan="2">专业工程师：
质量检查员：
施工班组长：
日期：　　年　月　日</td><td>专业工程师：

年　月　日</td><td colspan="2">专业工程师：

年　月　日</td></tr>
</table>

表 4–7　管式炉炉体钢结构安装检验记录表

<table>
<tr><td colspan="3">SH/T 3503—J331</td><td colspan="4">管式炉炉体钢结构
安装检验记录表</td><td colspan="2">工程名称：
单元名称：</td></tr>
<tr><td>设备名称</td><td colspan="2"></td><td>设备位号</td><td colspan="3"></td><td>结构形式</td><td></td></tr>
<tr><td colspan="3">检验项目</td><td>允许值/mm</td><td>检查点数</td><td>合格点数</td><td>最大偏差/mm</td><td>结果</td><td>备注</td></tr>
<tr><td rowspan="6">立柱</td><td rowspan="2">中心位置偏差</td><td>横向</td><td></td><td></td><td></td><td></td><td></td><td></td></tr>
<tr><td>纵向</td><td></td><td></td><td></td><td></td><td></td><td></td></tr>
<tr><td colspan="2">垂直偏差</td><td></td><td></td><td></td><td></td><td></td><td></td></tr>
<tr><td colspan="2">柱底标高偏差</td><td></td><td></td><td></td><td></td><td></td><td></td></tr>
<tr><td colspan="2">柱身扭曲偏差</td><td></td><td></td><td></td><td></td><td></td><td></td></tr>
<tr><td colspan="2">直线度偏差</td><td></td><td></td><td></td><td></td><td></td><td></td></tr>
<tr><td rowspan="3">横梁</td><td colspan="2">标高偏差</td><td></td><td></td><td></td><td></td><td></td><td></td></tr>
<tr><td colspan="2">水平偏差</td><td></td><td></td><td></td><td></td><td></td><td></td></tr>
<tr><td colspan="2">中心位置偏差</td><td></td><td></td><td></td><td></td><td></td><td></td></tr>
<tr><td>框架</td><td colspan="2">对角线偏差</td><td></td><td></td><td></td><td></td><td></td><td></td></tr>
<tr><td rowspan="2">圆筒炉</td><td colspan="2">内半径偏差</td><td></td><td></td><td></td><td></td><td></td><td></td></tr>
<tr><td colspan="2">圆度</td><td></td><td></td><td></td><td></td><td></td><td></td></tr>
<tr><td rowspan="2">炉壁板</td><td colspan="2">垂直度</td><td></td><td></td><td></td><td></td><td></td><td></td></tr>
<tr><td colspan="2">平整度</td><td></td><td></td><td></td><td></td><td></td><td></td></tr>
<tr><td colspan="7">检查项目与要求</td><td colspan="2">检查结果</td></tr>
<tr><td colspan="7">炉主体结构焊缝外观质量符合设计文件和规范要求</td><td colspan="2"></td></tr>
<tr><td colspan="7">炉壁板焊缝外观质量符合规范要求</td><td colspan="2"></td></tr>
<tr><td colspan="7">梯子、平台板焊缝外观质量符合规范要求</td><td colspan="2"></td></tr>
<tr><td colspan="9">备注：</td></tr>
<tr><td colspan="3">施工单位</td><td colspan="4">监理单位</td><td colspan="2">业主单位</td></tr>
<tr><td colspan="3">专业工程师：
质量检查员：
施工班组长：

日期：　　年　月　日</td><td colspan="4">专业工程师：

日期：　　年　月　日</td><td colspan="2">专业工程师：

日期：　　年　月　日</td></tr>
</table>

第 5 章 仪表检维修质量控制

1 工程概况

中国石化西南油气分公司元坝净化厂第一、第二联合装置从2014年12月投料试车运行至今，仪表装置中仍存在一些尾项无法消缺，为了实现装置“安、稳、长、满、优”运行，决定对第一、第二联合装置开展停工消缺。为保证施工质量，特对仪表检维修编制了质量控制方案。

2 编制依据

仪表检维修质量控制方案编制依据如下：

《石油化工设备维护检修规程——仪表》(中国石化出版社，2007)。

《石油化工施工安全技术规程》(SH 3505—1999)。

《化工设备通用部件检修及质量标准》(SHS 03059—2004)。

《阀门维护检修规程》(SHS 01030—2004)。

《石油化工有毒、可燃介质管道工程施工及验收规范》(SH 3501—2002)。

《石油化工仪表工程施工技术规程》(SH 3521—2007)。

《自动化仪表工程施工质量验收规范》(GB 50131—2007)。

《施工现场临时用电安全技术规范》(JGJ 46—2005)。

《石油化工建设工程项目交工技术文件规定》(SH 3503—2007)。

注：以上编制依据如有更新，请按照最新版执行。

3 质量控制点

根据仪表检维修项目质量特性，将质量控制点分为A级、B级、C级三个级别(表5-1)。

(1) A级控制点是影响装置安全运行、使用功能和投用后出现质量问题须停车后才可处理，或合同、协议中有特殊要求的质量控制点。该质量控制点必须经西南油气分公司设备管理部、净化厂设备物资科、技术质量科、维护保障车间、净化车间专业工程师，以及检维修施工单位的项目质量工程师、检维修班组质量检查员共同检查、确认、签字后方可通过。

(2) B级控制点是影响下一道工序质量的质量控制点。该质量控制点须经净化车间、维护保障车间专业工程师和检维修施工单位的项目质量工程师、检维修班组质量检查员共同检查、确认、签字后方可通过。

(3) C级控制点是对工程质量影响较小或投用后出现质量问题可随时处理的次要质量控制点。该质量控制点应由检维修施工单位的项目质量工程师、检维修班组质量检查员共同检查、确认、签字后方可通过。

表5-1 仪表检维修质量控制点

序号	检查内容	质量控制点	检查表格
1	图纸及技术文件审查	C级	表1-6
2	施工方案审查	B级	表1-7
3	材料/设备验收	B级	表1-9
4	变送器、转换器调校	B级	表5-4
5	调节器调校	B级	表5-5
6	指示、记录仪调校	B级	表5-6
7	热电偶、热电阻调校	B级	表5-7
8	物位仪表调校	B级	表5-8
9	就地指示仪(直读式压力计、温度计)调校	B级	表5-9

续表

序号	检查内容	质量控制点	检查表格
10	节流装置安装检查	C 级	表 5-10
11	电缆（线）敷设及绝缘电阻测量	C 级	表 5-11
12	分析仪调校	B 级	表 5-12
13	DCS 基本功能检测	A 级	表 5-13
14	报警、联锁系统及可编程序控制器（PLC）调试	A 级	表 5-14
15	检测、调节系统及 DCS 调试	A 级	表 5-15
16	DCS 机柜、仪表盘、操作台安装检查	A 级	表 5-16
17	隐蔽工程	A 级	表 1-20

4　检维修类别

见表 5-2。

表 5-2　仪表检维修类别

序号	检维修项目	检维修内容
1	温度仪表	热电偶、热电阻检查
2		双金属温度计校验
3		温度仪表校验和联校
4		温度仪表保护套管
5	压力仪表	压力、差压仪表检查
6		压力开关检查
7		就地压力表校验
8		压力、差压远传仪表单校/联校
9	液位仪表	双法兰拆装清理校验
10		差压液位变送器校验和联校
11		雷达表拆装检查校验
12		玻璃板液位计清洗
13		玻璃板液位计更换

续表

序号	检维修项目	检维修内容
14	流量仪表	流量仪表检查
15		装置间计量的流量计标定
16		参与控制和联锁仪表单校/联校
17		氧化锆氧含量分析仪标定
18	分析仪表	pH 计检查调校
19		硫化氢报警器检查调校并与 DCS 联校
20		可燃气报警器检查调校并与 DCS 联校
21	调节阀	调节阀检查
22		开、关阀联锁动作试验

5　检维修要求

5.1　温度仪表

（1）热电偶要全部抽出检查、校验，对不合格的热电偶进行更换。

（2）检查热电偶保护套管、软管及穿线管是否破损及断裂，如有则进行修复或更换。

（3）检查热电偶紧固件是否松动或损坏，如有则拧紧或更换紧固件。

（4）检查绝缘情况，确保对地电阻大于 3MΩ。

（5）按检维修技术规范执行设备维护、检修操作。

5.2　压力仪表

（1）清除表内、表外灰尘、油污。

（2）检查接线端子、电气元件是否松动及锈蚀。

（3）检查敏感元件的性能是否合格。

（4）检查并拧紧各紧固件。

（5）按检维修规程进行仪表校验，并做好记录。

（6）按完好标准进行验收。

5.3　差压、流量仪表

（1）清除表内、表外灰尘、油污。

（2）检查接线端子、电气元件是否松动及锈蚀。

（3）检查敏感元件的性能是否合格。

（4）检查并拧紧各紧固件。

（5）按检维修规程进行仪表校验，并做好记录。

（6）按完好标准进行验收。

5.4　物位仪表

（1）清除表内、表外灰尘、油污。

（2）检查接线端子、电气元件是否松动及锈蚀。

（3）检查敏感元件的性能是否合格。

（4）检查并拧紧各紧固件。

（5）按检维修规程进行仪表校验，并做好记录。

（6）按完好标准进行验收。

5.5　雷达液位仪

（1）拆装各防爆结合面时，不得有划痕或碰伤。

（2）不可涂油漆，可涂少量润滑油或防锈油。

（3）清除测量探杆上的附着物。

（4）检查接线端子是否接触良好，是否有腐蚀或脏物，如有则要清除脏物或更换接线端子，确保接触良好。

（5）重新安装后要随工艺设备一同试压，并进行校对工作。

（6）按检维修规程进行仪表校验，并做好记录。

（7）按完好标准进行验收。

5.6　执行机构

（1）检查各执行机构的膜片，并进行气密性试验。

（2）检查阀杆移动是否均匀，是否有卡滞现象，检查盘根填料是否合适。

（3）对各转动部分注油，确保其灵活、好用。

（4）按检维修规程进行仪表校验，并做好记录。

5.7 可燃有毒气体报警器

（1）取下并清扫检测器透气罩，清除检测器及附属配件上的灰尘、油污等。

（2）检查防爆软管，对不合格的防爆软管进行更换。

（3）标定检测器，如达不到要求，则更换检测元件。

（4）标准气室内、室外联校。

（5）按检维修技术规范执行设备维护、检修操作。

（6）按完好标准进行验收。

5.8 旋转机械检测仪表

（1）对轴振动、轴位移检测元件全部进行校验。

（2）转速检测仪表在开机过程中要进行波形校正。

（3）对有损伤、性能有误差的探头进行更换。

5.9 回路联校

（1）核对回路，检查接线。为保证仪表线路的正确、可靠和回路联校的顺利进行，联校前必须进行仪表回路的核对和线路检查。

（2）现场仪表位置以仪表平面布置图为准，现场端仪表接线遵循说明书中有关要求，室内接线以接线图为准。

（3）对于输入检测回路联校，必须由仪表调试人员在现场用标准仪器设备施加信号，在室内验证结果，并做好记录。

（4）对于输出调节回路联校，必须由操作室输出控制信号，由仪表调试人员在现场检查执行机构或调节阀的动作情况等。

（5）回路联校时，信号的施加必须符合有关技术规范。

（6）联校中，每一条回路的系统误差绝对值都要在规定范围之内，否则应先调校各单元仪表及检查相关工艺状况，待合格后再与操作室二次联校。

（7）联校完毕后，应及时填写正式联校记录。

5.10 工业电视系统

（1）14套摄像机检维修：外观检查与清洁、支架防腐、端子紧固、接地测试、设备启动自检，以及控制信号、视频信号和电源回路检查。

（2）2 套光端机检维修：接地检查、电源检查、通道检查。

（3）机柜检维修：机柜清洁、电源检查、端子紧固、接地检查。

5.11　火灾自动报警系统

（1）线型感温探测器检维修：外观检查、端子紧固、功能测试、故障设备更换与调试。

（2）42 套手动报警按钮检维修：外观检查与紧固、功能测试、故障设备更换。

（3）54 个烟感报警器检维修：外观检查与紧固、功能测试、故障设备更换。

5.12　应急广播系统

（1）17 台话站检维修：外观检查、按键试验、通话试验、挂机指示灯复位测试。

（2）32 个扬声器检维修：外观检查、音质试验。

（3）机柜检维修：机柜清洁、电源检查、端子紧固、接地检查。

（4）28 个中间接线盒检查：外观检查与清洁、端子紧固、接地检查、防水处理。

5.13　安全集成系统

（1）集成系统与火灾系统联动试验。

（2）集成系统与视频监控系统联动试验。

（3）集成系统与硫化氢探测器联动试验。

5.14　电话系统

通信线路电阻、电压检测，接线端端子紧固，以及通话试验。

5.15　整改及收尾工作

在开工之前，必须要把所有问题解决好。同时，必须配合净化车间人员做好施工的收尾工作，主要应注意以下几点：

（1）做好仪表的投用工作。

（2）切实解决好遗留问题。

（3）清理好施工现场。

5.16 开工保运

装置开工时，仪表容易出现问题，仪表工要做的工作有很多，要求也很高，主要有以下几点：

5.16.1 开工前应注意事项

(1) 在开工准备阶段，必须对现场变送器的量程、迁移范围、精度、变差等进行校验，不能忽略不符合要求的仪表，要把问题解决在开工投运之前。

(2) 安装变送器后，在开工之前，还需要检查变送器的工作压力、工作温度、测量量程、迁移范围等和实际情况是否相符。若有不符之处，必须查明原因，并予以解决，才可以开工。

(3) 在开工之前，应尽量避免仪表承受单向压力。

5.16.2 开工时应注意事项

(1) 仪表工应坚守岗位，不能擅离职守。

(2) 如开工后有仪表问题，仪表工应立即排除故障。

(3) 如遇到紧急事故，应保持冷静，不要慌张，并通知相关人员。

6 施工注意事项

6.1 施工前期注意事项

(1) 施工人员均应有相应的能力和资质，对有特殊要求的仪表检维修作业，必须经过培训才能上岗。

(2) 在进行工程施工前，应进行图纸会审等。

(3) 施工机具、施工设备、工艺装备和检验、测量、试验设备的性能检验能满足施工要求。

(4) 做好计量器具的检定工作。

6.2 过程(工序)中注意事项

(1) 制定施工技术措施，并进行技术交底。明确质量控制点和质量要求，落实“谁组织施工谁管质量，谁操作谁负责质量”的质量责任要求。

（2）检维修所用的材料、器材、设备不符合规范、标准及合同规定要求不得进入现场。

（3）施工过程由专业技术人员监督，并检查操作人员执行施工技术规范、标准、规程的情况，保证工艺纪律得以严格执行。

（4）不得擅自修改技术文件，当必须修改时，应编写补充施工技术文件，并按原工艺文件审批程序进行审批。

6.3　施工后期注意事项

（1）认真做好“三查四定”工作，认真组织质量评定，认真做好试车保运工作，直到产出合格产品。

（2）按交工文件要求，做好交工资料的整理、汇编，及时办理交接签字手续。

（3）接受甲方检查和监督，在保证检维修质量上通力合作，做到检维修中对用户负责，交工时让用户满意，使用时让用户放心。

6.4　检(试)验注意事项

（1）凡参与检维修项目的人员，均须按规定取得相应资格证书。

（2）施工过程及最终检验和试验的依据是设计文件、相关验收规范和合同有关要求等。

（3）若未经检验或虽经检验但还未得到合格报告，不得转入下一道工序。

（4）及时整理、汇编检(试)验记录，并交付归档。

（5）检(试)验所使用的设备应带有标明其标准状态的明显标识，不得使用无检定标识的设备。

（6）施工用计量器具的性能和准确度应满足工程检验、测量和试验的要求。

（7）凡经检验、试验合格的工序，应及时出具检(试)验报告，有关参加人员应签字确认。

7　检维修质量控制措施

见表5-3。

表 5-3　仪表检维修质量控制措施

检查项目		检查要求	条款依据代码及出处
温度仪表（含取源部件）	温度取源部件的材质及安装位置	材质符合设计要求	GB 50093—2002，4.1.1
		垂直安装时与管道轴线垂直相交，在管道拐弯处安装时与管道轴线重合，倾斜安装时逆向介质流向	GB 50093—2002，4.2.1
	接线盒引入口、接线及线号标识	接线盒引入口不应朝上，当不可避免时，应采取密封措施	GB 50093—2002，5.1.8
		线的规格型号符合设计要求，接线正确、牢固，线号标识正确、清晰	GB 50093—2002，6.6.3
	与其他检测元件的距离	符合设计规定	GB 50093—2002，4.4.4、4.4.5
	取源部件严密性	随同设备和管道进行压力试验，无渗漏	GB 50093—2002，4.1.8
压力仪表（含取源部件）	压力取源部件的安装部位及方向	在温度取源口上游	GB 50093—2002，8.1.2
		取源部件不应超出设备或管道内壁	GB 50093—2002，4.3.3
		取源方位：气体介质时，在管道水平中心线以上；液体介质时，在管道水平中心线以下 45° 夹角内；蒸汽介质时，在管道水平中心线以上或以下 45° 夹角内	GB 50093—2002，4.3.6
	接线盒引入口、接线及线号标识	接线盒引入口不应朝上，当不可避免时，应采取密封措施	GB 50093—2002，5.1.8
		线的规格、型号符合设计要求，接线正确、牢固，线号标识正确、清晰	GB 50093—2002，6.6.3

续表

检查项目		检查要求	条款依据代码及出处
压力仪表（含取源部件）	取源部件严密性	随同设备和管道进行压力试验，无渗漏	GB 50093—2002，4.1.8
	压力仪表安装位置	测量低压的压力仪表，仪表高度与测压点一致	GB 50093—2002，5.1.1
		安装在操作岗位附近的测量高压的压力仪表，仪表高度距地面 1.8m 以上	GB 50093—2002，5.4.3
流量仪表（含取源部件）	流量取源部件的安装位置及方向	流量取源部件上游、下游直管段的长度应满足设计或产品技术要求	GB 50093—2002，4.1.1
		小直管段内无其他取源部件，内壁清洁、无凹凸处	GB 50093—2002，4.4.3
		节流装置的取压方位：气体介质时，在管道水平中心线以上；液体介质时，在管道水平中心线以下 45°夹角内；蒸汽介质时，在管道水平中心线以上或以下 45°夹角内	GB 50093—2002，4.4.6
	节流件安装	对孔板进行外观检查，其制造尺寸符合制造标准或设计要求	GB 50093—2002，5.5.1
		节流装置在管道吹洗后安装，方向符合要求	GB 50093—2002，5.5.1
	流量计与管道连接	节流装置的端面垂直于管道轴线，其允许偏差为 1°	GB 50093—2002，5.5.1
		差压流量仪表正压室、负压室与测量管道连接正确，引压管倾斜方向和坡度及隔离器、冷凝器、沉降器、集气器的安装符合设计文件规定	GB 50093—2002，5.5.2

续表

检查项目		检查要求	条款依据代码及出处
流量仪表（含取源部件）	接线盒引入口、接线及线号标识	接线盒引入口不应朝上，当不可避免时，应采取密封措施	GB 50093—2002，5.1.8
		线的规格、型号符合设计要求，接线正确、牢固，线号标识正确、清晰	GB 50093—2002，6.6.3
	取源部件严密性	随同设备和管道进行压力试验，无渗漏	GB 50093—2002，4.1.8
物位仪表（含取源部件）	物位取源部件的安装位置及方向	选择位置在物位变化灵敏处，不受物料冲击	GB 50093—2002，4.5.1
		浮球式液位仪表的法兰短管确保浮球能在全量程范围内自由活动	GB 50093—2002，4.5.6
		静压液位计取源部件的安装位置远离液体进口和出口	GB 50093—2002，4.5.8
	液位计安装	浮筒液位计的浮筒垂直度允许偏差为2mm/m	SH 3521—1999，4.7.1
		钢带液位计的钢带导管垂直度允许偏差为0.5mm/m	SH 3521—1999，4.7.2
		玻璃板液位计垂直度允许偏差为5mm/m	SH 3521—1999，4.7.5
		法兰式差压变送器的毛细管附带保护措施，其弯曲半径大于50mm	SH 3521—1999，4.7.10
		导压管式差压液位计（除吹气式）安装高度不高于液位下部取压口	SH 3521—1999，4.7.9
		射线液位计有相应安装方案，安装中防护措施符合国家标准，安装位置有明显的警戒标记	GB 50093—2002，5.6.6

续表

检查项目		检查要求	条款依据代码及出处
在线分析仪表（含取源部件）	取源部件的安装位置	取源方位：气体介质时，在管道水平中心线以上；液体介质时，在管道水平中心线以下45°夹角内；蒸汽介质时，在管道水平中心线以上或以下45°夹角内	GB 50093—2002，4.6.2
		分析气体中有固体、液体杂质时，取源部件的轴线与水平线之间的夹角大于15°	GB 50093—2002，4.6.3
	取样系统	安装符合设计要求，有完整的、单独安装的、靠近传送器的取样预处理装置	GB 50093—2002，5.8.1
	分析样品的排放	取样系统管道应整齐布置，并应使气体或液体能排放到安全地点。有毒气体应按设计规定的位置排放	SH 3521—1999，7.5.2
	气体报警器的安装位置	检测气体密度大于空气密度时，检测器安装在泄漏区域下方；检测气体密度小于空气密度时，检测器安装在泄漏区域上方	GB 50093—2002，5.8.3
调节阀及其辅助设备	调节阀安装位置与方向	底座离地面距离应大于200mm，阀体周围有足够的空间，调节阀膜头离旁通管外壁距离大于300mm	SH 3521—1999，4.10.2
		执行机构的信号管线有足够的伸缩量	SH 3521—1999，4.10.4
		安装方向与工艺管道方向一致	SH 3521—1999，4.10.5
	定位器连接	反馈杆与调节阀阀杆连接牢固	SH 3521—1999，4.10.2

续表

检查项目		检查要求	条款依据代码及出处
轴系仪表	探头的位置	探头与轴的间隙在探头特性曲线的中点	SH 3521—1999，4. 9. 1
	探头安装情况	探头安装牢固，专用同轴电缆无损伤	SH 3521—1999，4. 9. 2
仪表盘、仪表箱、仪表柜、操作台安装（含内部配线）	安装位置	符合设计规定	GB 50093—2002，5. 2. 1
	仪表盘、仪表柜、操作台偏差控制	底座制作(安装)的直线度(水平度)允许偏差为 1mm/m，长度超过 5m，全长允许偏差为 5mm	GB 50093—2002，5. 2. 2、5. 2. 3
		相同规格成排安装时，相邻设备的顶部高度允许偏差为 2mm，连接处超过 2 处时，顶部高度允许偏差为 5mm	GB 50093—2002，5. 2. 9
		相邻设备接缝处正面的平面度允许偏差为 1mm，连接处超过 5 处时，正面平面度允许偏差为 5mm	GB 50093—2002，5. 2. 9
		相邻设备之间的接缝间隙不大于 2mm	GB 50093—2002，5. 2. 9
	防腐与附件固定	型钢底座须做防腐处理，内部设备连接牢固，固定件采用防锈材料，不采用焊接方式固定	GB 50093—2002，5. 2. 4、5. 2. 7
	就地接线箱	安装周围环境温度不高于 45℃	GB 50093—2002，5. 2. 12
		箱体中心距操作地面的高度宜为 1. 2~1. 5m	GB 50093—2002，5. 2. 12
		接线箱应密封并标明编号，箱内接线应标明线号	GB 50093—2002，5. 2. 12、6. 6. 3

续表

检查项目		检查要求	条款依据代码及出处
仪表盘、仪表箱、仪表柜、操作台安装（含内部配线）	搬运、安装与加工	搬运过程中不允许有变形与表面油漆损伤	GB 50093—2002，5.2.11
		严禁在加工与安装过程中使用气焊	GB 50093—2002，5.2.11
	警示标志	机柜及设备内部易对人身造成伤害的地方应有明显的警示标志和保护措施	SH 93521—1999，5.1.6
	防爆与接地	用于火灾危险环境的仪表箱、仪表盒，应采用金属制品	GB 50093—2002，9.1.11
		设备内有≥36V 电压时，外壳必须有保护接地；有可能接触危险电压的裸露金属部件时，均应有保护接地	GB 50093—2002，9.1.1；SH 3521—1999，6.6.1
		接地电阻符合设计要求，当设计无要求时，接地电阻宜为 4Ω，不超过 10Ω	GB 50093—2002，9.1.4；SH 3521—1999，6.6.13
		接地可靠，且不允许串联接地	GB 50093—2002，9.1.3
控制仪表及系统	开箱	仪表和系统的开箱在室内进行，开箱过程中避免剧烈振动和避免灰尘、潮气进入设备	GB 50093—2002，5.11.1
	机房环境条件	安装前：基础底座已安装完毕；室内土建已施工完毕；空调运行；供电系统室内照明施工完毕并已投运；接地系统施工完毕，测试正常	GB 50093—2002，5.11.2
		设备安装就位后，应保证产品规定的供电条件、温度、湿度和室内清洁	GB 50093—2002，5.11.3

续表

检查项目		检查要求	条款依据代码及出处
仪表电源	型号、规格与安装位置	电源部件的外观检查符合要求，电气性能符合产品说明书要求	GB 50093—2002，5.12.1
		就地仪表供电箱的型号、规格符合设计要求，尽量避免安装于高温、潮湿、多尘、有爆炸及火灾危险、有腐蚀作用、有振动及可能干扰附近仪表等位置，当不可避免时，应有防护措施	GB 50093—2002，5.12.2
	标识与配线	安装牢固，设备位号、端子标号、用途与操作标志等完整无缺	GB 50093—2002，5.12.4
		金属供电箱有明显的接地标志，接地牢固、可靠	GB 50093—2002，5.12.7
		裸露的导体之间的电气间隙与爬电距离符合规范要求，对于220V电压，电气间隙为5mm，爬电距离为6mm	GB 50093—2002，5.12.6
		强电、弱电的端子应分开布置	GB 50093—2002，5.12.7

8　仪表和材料验收

8.1　交接验收条件

设计文件范围内仪表工程的取源部件、仪表设备和装置、仪表管道、仪表线路及仪表供电、供气、供液系统，均已按设计文件和相关规定安装完毕，单台仪表设备的校准和试验合格后，即可进行仪表工程的回路试验和系统试验。经系统检查，线路管道连接无误，质量符合规范要求，且系统内各个仪表及回路的工作性能、功能和动作程序未发现问题，表明仪表系统可以开通并投入运行，或配合装置工程进行运行试验。

注：由于仪表的负荷与生产装置的负荷概念不同，在此未采用仪表无负荷试运行和负荷试运行的表述，而是分别表述为仪表工程的回路试验和系统试验及仪表工程的开通和投入运行。

仪表开通并投入运行后，仪表设备和仪表系统已经对检测和控制对象起到应有的作用，同时开通并投入运行 48h 后功能正常，即具备交接验收条件。

8.2　交接验收

仪表工程具备交接验收条件后，应办理交接验收手续。

交接验收时，应提交下列文件：

（1）工程竣工图。

（2）设计修改文件和材料代交文件。

（3）隐蔽工程文件。

（4）安装和质量检查记录。

（5）绝缘电阻测量记录及接地电阻测量记录。

（6）仪表管道脱脂、压力试验记录。

（7）仪表设备和材料的产品质量合格证明文件。

（8）仪表校准和试验记录。

（9）回路试验和系统试验记录。

（10）仪表设备交接清单。

注：因受客观条件限制未能全部完成的工程，可办理工程交接验收手续，并提交未完成工程项目明细表。未完成工程的施工安排，应按合同的规定进行。

9 附件

施工图核查记录表(同表1-6)。
施工组织设计(方案)报审表(同表1-7)。
开箱检验记录表(同表1-9)。
隐蔽工程记录表(同表1-19)。
变送器、转换器调校记录表(表5-4)。
调节器调校记录表(表5-5)。
指示、记录仪调校记录表(表5-6)。
热电偶、热电阻调校记录表(表5-7)。
物位仪表调校记录表(表5-8)。
就地指示仪(直读式压力计、温度计)调校记录表(表5-9)。
节流装置安装检查记录表(表5-10)。
电缆(线)敷设及绝缘电阻测量记录表(表5-11)。
分析仪调校记录表(表5-12)。
DCS基本功能检测记录表(表5-13)。
报警、联锁系统及可编程序控制器(PLC)调试记录表(表5-14)。
检测、调节系统及DCS调试记录表(表5-15)。
DCS机柜、仪表盘、操作台安装检查记录表(表5-16)。

表 5-4 变送器、转换器调校记录表

SH 3503—J601	变送器、转换器 调校记录表	工程名称： 单元名称：

仪表名称		仪表型号		仪表位号	
制 造 厂		精 确 度		出厂编号	
输　　入		允许误差		电(气)源	
输　　出		迁 移 量		分 度 号	

标准表名称、编号、精度	

<table>
<tr><td colspan="2" rowspan="2">输　入　值</td><td colspan="6">输　　出　　值(　　)</td></tr>
<tr><td rowspan="2">标准值</td><td colspan="5">实　　测　　值</td></tr>
<tr><td>(%)</td><td>(　)</td><td>上　行</td><td>误　差</td><td>下　行</td><td>误　差</td><td>回　差</td></tr>
<tr><td></td><td></td><td></td><td></td><td></td><td></td><td></td><td></td></tr>
<tr><td></td><td></td><td></td><td></td><td></td><td></td><td></td><td></td></tr>
<tr><td></td><td></td><td></td><td></td><td></td><td></td><td></td><td></td></tr>
<tr><td></td><td></td><td></td><td></td><td></td><td></td><td></td><td></td></tr>
<tr><td></td><td></td><td></td><td></td><td></td><td></td><td></td><td></td></tr>
<tr><td></td><td></td><td></td><td></td><td></td><td></td><td></td><td></td></tr>
<tr><td>调校
结果</td><td colspan="7"></td></tr>
<tr><td colspan="8">备注：</td></tr>
</table>

技术负责人：	调校人：	日期：　　　年　月　日

表 5-5　调节器调校记录表

SH 3503—J602	调节器调校记录表	工程名称： 单元名称：

仪表名称		仪表型号		仪表位号	
制　造　厂		精　确　度		出厂编号	
刻度范围		允许误差		电（气）源	
输　　入		输　　出		作用方向	
标准表名称、编号、精度					

指示精度调校

名称	刻度（　）	输入（　）	实测值（　）上行	误差	下行	误差	回差
单针							
双针							
给定针							

控制点调校

$P=$	$T_1=$	$T_D=$	
给定	测量	输出	偏差

比例度（P）试验

$T_1=$		$T_D=$	
刻度			
实测			
误差			

积分时间（T_1）试验

$P=$		$T_D=$	
刻度			
实测			
误差			

微分时间（T_D）试验

$P=$		$T_1=$	
刻度			
实测			
误差			

输出表指示值调校：　　精度：　　允许误差：

刻度（%）	标准值（　）	实测值（　）上行	误差	下行	误差	回差
0						
50						
100						

软、硬手动双向切换检查

手动(M)自动(A)串激(H)切换：$P=$	$T_1=$	$T_D=$		
切换形式	A→M	M→A	A→H	H→A
输出变化值				

报警设定值：H=	L=
动作值：H=	L=

调校结果		备注：
技术负责人：	调校人：	日期：　年　月　日

表 5-6 指示、记录仪调校记录表

SH 3503—J604	指示、记录仪调校记录表	工程名称： 单元名称：

仪表名称		仪表型号		仪表位号	
制 造 厂		精 确 度		出厂编号	
刻度范围		允许误差		电(气)源	
测量范围		分 度 号			
标准表名称、编号、精度					

名称	刻度 ( )	标准值 ( )	实测值( )				
			上行	误差	下行	误差	回差
单针							
双针							
三针							

报警值整定				
形式	L(低)	LL(低低)	H(高)	HH(高高)
设定值( )				
动作值( )				

走纸打印机构检查：		
线路电阻/Ω：		
调校结果		
备注：		
技术负责人：	调校人：	日期： 年 月 日

表 5-7　热电偶、热电阻调校记录表

SH 3503—J605	热电偶、热电阻 调校记录表	工程名称： 单元名称：

仪表名称		仪表型号		仪表位号	
制 造 厂		精 确 度		出厂编号	
刻度范围		允许误差		分 度 号	
室　　温					
标准表名称、编号、精度					

测量范围		标准值	实测值(℃/　　)				
(%)	(℃/　　)	(℃/　　)	上行	误差	下行	误差	回差

调校结果	
备注：	

技术负责人：	调校人：	日期：　　年　月　日

表 5-8　物位仪表调校记录表

SH 3503—J606	物位仪表调校记录表	工程名称： 单元名称：

仪表名称		仪表型号		仪表位号	
制造厂		精确度		出厂编号	
测量范围		允许误差		电(气)源	
测量介质密度		调校介质密度		换算后的测量范围	
标准表名称、编号、精度					

变送(或指示)部分

输入值		标准输出值 (　　)	实测输出值(　　)				
(%)	(　　)		上行	误差	下行	误差	回差

调节部分

控制点调校				比例度(P)试验 T_I =			
P =		T_I =					
给定值 (　　)	测量值 (　　)	输出值 (　　)	偏差 (　　)	刻度值 (　　)			
				实测值 (　　)			
				误差 (　　)			
				积分时间(T_I)试验 P =			
				刻度值 (　　)			
				实测值 (　　)			
				误差 (　　)			

强度试验	工作介质		设计压力	MPa
	试验介质		试验压力	MPa
调校结果				
技术负责人：		调校人：		日期：　　年　月　日

表 5-9　就地指示仪(直读式压力计、温度计)调校记录表

SH 3503—J610		就地指示仪(直读式压力计、温度计) 调校记录表							工程名称： 单元名称：		
序号	名称	位号	型号	编号	测量范围 (　　)	精度 (级)	允许误差 (　　)	最大误差 (　　)	最大回差 (　　)	调校结果	调校日期

备注：

技术负责人：	调校人：	日期：　　年　月　日

表 5-10 节流装置安装检查记录表

SH 3503—J619				节流装置安装检查记录表								工程名称： 单元名称：		
序号	节流装置名称	位号	测量介质	节流件直径（d）/mm		节流件厚度（δ）/mm		直管长度/mm		检查结果	检查日期	导管引出方式	孔板节流件法兰与管道焊接内表面应齐平	
				设计值	实测值	设计值	实测值	上游	下游				检查结果	检查日期
备注：														
技术负责人：					安装人：					日期：			年 月 日	

表 5-11　电缆(线)敷设及绝缘电阻测量记录表

SH 3503—J620		电缆(线)敷设及绝缘电阻测量记录表							工程名称： 单元名称：	
序号	电缆(线)编号	型号及规格	起止位置		电缆长度/m	环境温度/℃	绝缘电阻/MΩ			测量结果	测量日期
			自	至			芯线对地	芯线间	铠对屏蔽		

注：电缆有中间接头时应说明并用附图表示其位置

技术负责人：	安装人：	日期：　　　　年　月　日

表 5-12 分析仪调校记录表

SH 3503—J612		分析仪调校记录表		工程名称： 单元名称：	
仪表名称		仪表型号		仪表位号	
制 造 厂		精 度		出厂编号	
测量范围		允许误差		电 源	
介质温度		介质压力		介质成分	
分析类型					
标准表名称、编号、精度					
样气(样液)压力			样气(样液)流量		

标准气(液)温度/℃	标准气(液)浓度/(mg/L)	输出值(　　)					
		标准值	实测值				
			上行	误差	下行	误差	回差
调校结果							

备注：

技术负责人：	调校人：	日期：　　年　月　日

表 5-13　DCS 基本功能检测记录表

SH 3503—J614			DCS 基本功能检测记录表			工程名称： 单元名称：			
站名称				站型号					
制造厂				站位号					
站系统基本功能检查记录				站电源测试记录					
检查项目	判断	检查结果	备注	测试项目		基准值 （　　）	测试值（　　）		备注
自诊断							调前	调后	
程序安装	□			交流					
画面检查	□								
键盘操作	□								
鼠标操作	□								
触屏操作	□								
通信功能	□								
报警功能	□			直流					
冗余功能	□								
恢复功能	□								
断电保护	□								
LED 状态灯	□								
UPS	□								
	□								

注：1. 在“判断”栏中画“√”表示有该项功能，画“×”表示无该项功能；
2.“检查结果”栏中填写合格或不合格

检测人： 日期：　　　年　月　日	技术负责人： 日期：　　　年　月　日

表 5-14 报警、联锁系统及可编程序控制器(PLC)调试记录表

SH 3503—J615	报警、联锁系统及可编程序控制器(PLC)调试记录表	工程名称： 单元名称：

联锁/PLC 回路号：	参考图纸号：

序号	联锁元件位号	联锁设定值( )	原因(输入)	结果(输出)	报警器	定时器设定值( )	确认	复位	调试结果

注：1. 用 1、2……表示原因的序号；用 a、b……表示结果的序号，原因序号在前，结果序号在后；
2. 用简要文字在“原因”和“结果”栏中叙述内容，如：“温度高高”、“阀关”和“泵开”等；
3. 在“报警器”、“确认”和“复位”栏中填写正常或不正常；在“调试结果”栏中填写合格或不合格

调校人： 日期： 年 月 日	技术负责人： 日期： 年 月 日

表 5-15 检测、调节系统及 DCS 调试记录表

SH 3503—J616	检测、调节系统及 DCS 调试记录表	工程名称： 单元名称：

回路号	仪表位号	输入/显示(指示、记录)/输出							报警显示	其他功能	调校结果
		测量范围	实测值					工程单位			
			0%	50%	100%	50%	0%				

备注：

调校人： 日期：　　　　年　月　日	技术负责人： 日期：　　　　年　月　日

表 5-16 DCS 机柜、仪表盘、操作台安装检查记录表

<table>
<tr><td colspan="2">SH 3503—J617</td><td colspan="2">DCS 机柜、仪表盘、
操作台安装检查记录表</td><td colspan="3">工程名称：
单元名称：</td></tr>
<tr><td>名称</td><td></td><td>型号</td><td></td><td>位号</td><td colspan="2"></td></tr>
<tr><td colspan="4">检查项目</td><td>检查结果</td><td>检查日期</td><td>备注</td></tr>
<tr><td>1</td><td colspan="3">外观无破损、无变形，内、外表面无油漆脱落、受潮、锈蚀等缺陷</td><td></td><td></td><td></td></tr>
<tr><td>2</td><td colspan="3">基础型钢平直、牢靠，外形尺寸与机柜、仪表盘、操作台的尺寸一致，表层除锈防腐</td><td></td><td></td><td></td></tr>
<tr><td>3</td><td colspan="3">机柜、仪表盘、操作台的安装布置，以及铭牌、型号、位号、数量、外形尺寸、仪表开孔尺寸符合设计要求</td><td></td><td></td><td></td></tr>
<tr><td>4</td><td colspan="3">仪表、DCS 内部组件的型号、规格、数量、安装位置符合设计要求，无破损、松动、脱落</td><td></td><td></td><td></td></tr>
<tr><td>5</td><td colspan="3">DCS 机柜、仪表盘、操作台的垂直度、水平度、盘间接缝间隙、顶部高差、正面平面度符合规范要求，与基础型钢之间采用防锈螺栓牢固连接</td><td></td><td></td><td></td></tr>
<tr><td>6</td><td colspan="3">盘间电缆(含专用电缆)的型号、规格、数量符合设计要求，电缆头、标志牌制作及接线(含内部接线)正确、牢靠、整齐、美观、齐全</td><td></td><td></td><td></td></tr>
<tr><td>7</td><td colspan="3">机柜、仪表盘、操作台及室内地板下、电缆沟内无尘埃、异物，电缆出口、入口应封闭</td><td></td><td></td><td></td></tr>
<tr><td>8</td><td colspan="3">电缆(线)的导通、绝缘电阻符合规范要求</td><td></td><td></td><td></td></tr>
<tr><td>9</td><td colspan="3">就地仪表盘安装在光线充足、环境干燥、操作维修方便的地方，且有良好的密封性</td><td></td><td></td><td></td></tr>
<tr><td>10</td><td colspan="3">电源系统符合设计和规范要求</td><td></td><td></td><td></td></tr>
<tr><td>11</td><td colspan="3">工作接地系统符合设计和规范要求</td><td></td><td></td><td></td></tr>
<tr><td>12</td><td colspan="3">保护接地系统符合设计和规范要求</td><td></td><td></td><td></td></tr>
<tr><td>13</td><td colspan="3">屏蔽接地系统符合设计和规范要求</td><td></td><td></td><td></td></tr>
<tr><td>14</td><td colspan="3">随盘技术文件应齐全</td><td></td><td></td><td></td></tr>
<tr><td></td><td colspan="3"></td><td></td><td></td><td></td></tr>
<tr><td colspan="7">备注：</td></tr>
<tr><td colspan="3">安装人：

日期：　　年　月　日</td><td colspan="4">技术负责人：

日期：　　年　月　日</td></tr>
</table>

第6章 电气装置检维修质量控制

1 工程概况

电气装置检维修是中国石化西南油气分公司元坝净化厂装置检维修项目中的重要内容之一。电气装置检维修质量控制主要是对电气装置检维修过程中的施工质量和电气装置实体质量进行控制。

2 编制依据

电气装置检维修质量控制方案编制依据如下：

《建筑照明设计标准》(GB 50034—2004)。

《电气装置安装工程电气设备交接试验标准》(GB 50150—2006)。

《电气装置安装工程接地装置施工及验收规范》(GB 50169—2006)。

《电气装置安装工程旋转电机施工及验收规范》(GB 50170—2006)。

《电气装置安装工程盘、柜及二次回路接线施工及验收规范》(GB 50171—1992)。

《电气装置安装工程高压电器施工及验收规范》(GBJ 147—1990)。

《电力变压器、电抗器、互感器施工及验收规范》(GBJ 148—1990)。

《电气装置安装工程电缆线路施工及验收规范》(GB 50168—1992)。

《石油化工设备维护检修规程——仪表》(中国石化出版社，2007)。

注：以上编制依据如有更新，请按照最新版执行。

3　质量控制点

根据电气装置检维修项目质量特性，分专业按A级、B级、C级三级控制点进行控制。

(1) A级控制点是影响装置安全运行、使用功能和投用后出现质量问题须停车后才可处理，或合同、协议中有特殊要求的质量控制点。该质量控制点必须经西南油气分公司设备管理部、净化厂设备管理办公室、电气专业组工程师，以及检维修施工单位的项目质量工程师、检维修班组质量检查员共同检查、确认、签字后方可通过。

(2) B级控制点是影响下道工序质量的质量控制点。该质量控制点必须经净化厂设备管理办公室、电气专业组工程师和施工单位质量检查员共同检查、确认、签字后方可通过。

(3) C级控制点是对工程质量影响较小或投用后出现质量问题可随时处理的次要质量控制点。该质量控制点应由电气专业组工程师通过日常巡检进行检查，施工单位质量检查员自检确认和认证。

4　检维修要求

4.1　防爆照明装置

(1) 灯泡(管)及其损坏件更换。

(2) 照明箱清扫、维护及更换。

(3) 损坏或脱落的灯具、接线盒、配管及电缆修复及更换。

(4) 照明开关检查、维修和更换。

(5) 照明控制柜检查、维修。

4.2　现场防爆动力箱

(1) 检查各接触部位螺栓的紧固情况，以及有无过热现象，如有则进行处理。

（2）检查主回路元器件、继电器及二次回路的完好情况。

（3）隔爆面清理、除锈、涂敷防锈油，检查隔爆面的完整性，修理各接触面、隔爆面。

（4）测量绝缘电阻，清除积灰及污垢。

4.3 中压防爆电机

（1）清扫电动机。

（2）检查引出线连接及绝缘状况。

（3）检查并测量电机机身接地状况。

（4）检查、清扫冷却系统，并进行电机联锁调校。

（5）测量绕组的绝缘电阻、吸收比。

4.4 低压防爆电机

（1）检查、加注润滑脂或润滑油，测量定子线圈、电缆线路的绝缘电阻。

（2）定子、转子检维修。

（3）修理或更换损坏的零部件。

（4）紧固螺栓，检查和更换损坏的油封环、轴承。

（5）清扫电动机。

4.5 中压母线

（1）清扫柜内、柜外设备的灰尘、污垢。

（2）检查各接触部位螺栓的紧固情况，以及有无过热、放电痕迹，如有则进行处理。

（3）检查主回路元器件、继电器、保护模块、测量仪表及二次回路的完好情况。

（4）测量各配出回路和二次回路的绝缘情况。

（5）修理、更换损坏的零部件。

4.6 低压母线

（1）清扫柜内、柜外设备的灰尘、污垢。

（2）检查各接触部位螺栓的紧固情况，以及有无过热现象和放电痕迹，如有则进行处理。

（3）测量各配出回路和二次回路的绝缘情况。

（4）修理、更换损坏的零部件。

4.7　UPS 电源装置

（1）清扫 UPS 电源装置。

（2）检查、紧固所有连接线。

（3）检查、清扫插件。

（4）检查电源开关、控制开关。

（5）检查辅助系统。

（6）检查主回路元器件。

（7）电池检测及活化放电。

4.8　变频器

（1）检查控制线路板有无过热现象。

（2）检查线路、辅助开关元器件接点。

（3）检查主接线端子板、控制接线端子板有无破裂、断损或碳化，如损坏则处理或更换。

（4）检查主回路二极管模块、晶体管模块等各类元器件，如损坏则更换。

（5）检查辅助电气设备及内部、外部频率设定元器件，如损坏则处理或更换。

（6）检查显示仪器、仪表，如损坏则更换。

（7）检查冷却系统。

4.9　回路联校

（1）核对回路，检查接线；为保证电气线路的正确、可靠和回路联校的顺利进行，联校前必须进行电气回路的核对和线路检查。

（2）现场电气位置以电气平面布置图为准，现场端仪表接线遵循说明书要求，室内接线以接线图为准。

（3）对于输入检测回路联校，必须由电气调试人员在现场用标准仪器设备施加信号，在室内验证结果，并做好记录。

(4) 对于输出调节回路联校，必须由操作室人员输出控制信号，由电气调试人员在现场检查执行机构或调节阀的动作情况等。

(5) 回路联校时，信号的施加必须符合有关技术规范。

(6) 联校中，每一条回路的系统误差绝对值都要在规定范围之内，否则应先调校各单元仪表及检查相关工艺状况，待合格后再与操作室二次表联校。

(7) 联校完毕后，应及时填写正式联校记录。

4.10 整改及收尾工作

在开工之前，必须把所有问题解决好。同时，必须配合生产车间人员做好施工的收尾工作，应主要注意以下几点：

(1) 做好电气装置的投用工作。

(2) 切实解决好遗留的问题。

(3) 清理好施工现场。

4.11 防雷接地检测及消缺

(1) 防雷接地系统检测。

(2) 防雷接地连接面除锈打磨。

(3) 防雷接地扁铁锈蚀部位防腐刷漆。

4.12 开工保运

4.12.1 开工前应注意事项

在开工准备阶段，必须对现场电气装置及仪表等进行校验，对不符合要求的设备不能放过，要把问题解决在开工投运之前。

4.12.2 开工时应注意事项

(1) 电气装置操作人员应坚守岗位，不能擅离职守。

(2) 如果开工后出现电气装置问题，电气人员应立即予以解决。

(3) 如果开工后遇到紧急事故，应保持冷静，并及时通知相关人员。

5　施工注意事项

5.1　施工前期注意事项

（1）施工人员均应有相应的能力和资质，采用新技术、新工艺、新材料的施工人员，必须经过培训才能上岗。

（2）在工程施工前，应进行图纸会审等。

（3）施工机具、施工设备、工艺装备和检验、测量、试验设备的性能能满足施工要求。

（4）做好计量器具的检定工作。

5.2　过程（工序）中注意事项

（1）制定施工技术措施，并进行技术交底。明确质量控制点和质量要求，落实"谁组织施工谁管质量，谁操作谁负责质量"的质量责任要求。

（2）检维修所用的材料、器材、设备不符合规范、标准及合同规定要求不得进入现场。

（3）施工过程由专业技术人员监督，并检查操作人员执行施工技术规范、标准、规程的情况，保证工艺纪律得以严格执行。

（4）不得擅自修改技术文件，当必须修改时，应编写补充施工技术文件，并按原工艺文件审批程序进行审批。

5.3　施工后期注意事项

（1）认真做好"三查四定"工作，认真组织质量评定，认真做好试车保运工作，直到产出合格产品。

（2）按交工文件要求，做好交工资料的整理、汇编，及时办理交接签字手续。

（3）接受甲方检查和监督，在保证检维修质量上通力合作，做到检维修中对用户负责，交工时让用户满意，使用时让用户放心。

5.4　检（试）验注意事项

（1）凡参与检维修项目的人员，均须按规定取得相应资格证书。

(2) 施工过程及最终检验和试验的依据是设计文件、相关验收规范和合同有关要求等。

(3) 若未经检验或虽经检验但还未得到合格报告，不得转入下一道工序。

(4) 及时整理、汇编检(试)验记录，并交付归档。

(5) 检(试)验所使用的设备应带有标明其标准状态的明显标识，不得使用无检定标识的设备。

(6) 施工用计量器具的性能和准确度应满足工程检验、测量和试验的要求。

(7) 凡经检验、试验合格的工序，应及时出具检(试)验报告，有关参加人员应签字确认。

6 检维修质量标准

6.1 高压电动机

(1) 主机完整、清洁，附件齐全、完好，设备铭牌和工艺编号清晰。

(2) 电机引线及定子线圈绝缘良好。

(3) 轴承不漏油，风罩及接线盒螺栓齐全。

(4) 线圈无过热、老化，铁芯槽楔无松动。

(5) 电动接线盒内导线终端无开焊，焊接良好，接线柱、护套完整。

(6) 滚动轴承注入润滑脂应适量(表 6-1)。同一轴承内不得注入不同的润滑脂。

表 6-1 润滑脂注入量

电动机同步转速/(r/min)	注入量
<1500	注入轴承腔容积的 2/3
1500~3000	注入轴承腔容积的 1/2

(7) 绝缘衬套管与绝缘垫间应无污垢且无破损。

（8）电动机外壳漆层完好，接地良好。

（9）电动机冷却装置效能良好。

（10）电动机应符合防护等级要求。

（11）启动、保护、测量装置齐全、好用。

（12）辅助设备控制良好。

6.2　低压电动机

（1）设备铭牌和工艺编号清晰。

（2）电机引线及定子线圈绝缘良好。

（3）轴承不漏油，风罩及接线盒螺栓齐全。

（4）线圈无过热、老化，铁芯槽楔无松动。

（5）电动接线盒内导线终端无开焊，焊接良好，接线柱、护套完整。

（6）滚动轴承注入润滑脂应适量（表6-1）。同一轴承内不得注入不同的润滑脂。

（7）电动机定子与转子铁芯间的可调节气隙最大与最小之差不应超过平均值的±10%。

（8）电动机外壳漆层完好，接地良好。

6.3　UPS试运检查项目及标准

见表6-2。

表6-2　UPS试运检查项目及标准

序号	项目	标准
1	检查逆变器输出电压、电流、频率、输出波形	符合说明书要求
2	检查各元器件	无过热和损伤现象
3	检查环境温度	符合说明书要求
4	检查装置的声音、气味	无异声和异味
5	检查各种信号表（计）指示	指示准确且无异常
6	检查保护、报警回路	工作正常
7	检查辅助系统	工作正常
8	检查蓄电池	工作正常

6.4 接地装置

(1) 检查所更换的接地装置的导体截面与材质符合规范要求。

(2) 焊接必须牢固且无虚焊和松脱，焊缝高应不小于4mm。

(3) 用螺栓连接的连接点、接触面必须良好，螺栓必须被紧固。

(4) 接地装置的接地电阻必须符合规定。

6.5 低压配电柜、箱

(1) 柜内无灰尘和杂物。

(2) 盘、柜本体及盘、柜内设备各部件连接牢固、接触良好。

(3) 柜内电气元件的检维修按相应标准执行。

(4) 电流试验柱及切换压板装置应接触良好。

(5) 信号回路的信号灯、光字牌、电铃等应显示准确、工作可靠。

(6) 防误闭锁装置应动作正确、可靠。

(7) 盘、柜的接地应牢固、良好。装有电器的可开启的盘、柜门，应以软导线与接地金属构架可靠地连接。

(8) 柜内照明装置齐全、完好。

(9) 端子板应无损坏、固定可靠、绝缘良好。

(10) 盘、柜上的各电器、端子排等应清晰标明其名称、编号、用途及操作位置。

(11) 盘、柜漆层应完整、良好。

7 交接验收

7.1 验收条件

电气装置按设计文件和相关规定安装完毕，且单台设备的校准和试验合格后，即可进行电气工程的回路试验。经系统检查，线路管道连接无误，质量符合规范要求，系统内各仪表及电气装置回路的工作性能、功能和动作程序等未出现问题，表明系统可以开通并投入运行，或配合装置工程进行运行试验。

电气装置投入运行后，电气装置和仪表系统已经对检测和控制对象起到应有的作用，并且投入运行48h后工作正常，即具备交接验收条件。

7.2　交接验收

(1) 电气工程具备交接验收条件后，应办理交接验收手续。

(2) 交接验收时，应提交下列文件：

① 工程竣工图。

② 设计修改文件和材料代交文件。

③ 安装和质量检查记录。

④ 绝缘电阻测量记录及接地电阻测量记录。

⑤ 电气装置试验记录。

⑥ 电气装置和材料产品质量合格证明文件。

⑦ 电气装置交接清单。

(3) 因受客观条件限制未能全部完成的工程，可办理工程交接验收手续，并提交未完成工程项目明细表。未完成工程的施工安排，应按合同的规定进行。

8　附件

施工图核查记录表(同表1-6)。

施工组织设计(方案)报审表(同表1-7)。

开箱检验记录表(同表1-9)。

隐蔽工程记录表(同表1-19)。

电缆(线)敷设及绝缘电阻测量记录表(同表5-11)。

蓄电池充放电记录表(表6-3)。

表 6-3　蓄电池充放电记录表

盘号			名称		使用电压	V
铭牌	型号		额定容量	A · h	电池数量	
	出厂日期		制造厂		绝缘电阻	MΩ
灌电解液	名称		牌号		温度	℃
	密度	g/cm^3			环境温度	℃
	开始时间	年　月　日　时　分	注完时间	年　月　日　时　分		
充放电曲线						
充电	充电程序简述					
	开始时间	年　月　日　时　分	结束时间	年　月　日　时　分		
放电	开始时间	年　月　日　时　分	结束时间	年　月　日　时　分		
	放电电流	A	最终电压	V	电池温度	℃
					放电容量	A · h
	电压不符合标准电池数：　个；占总电池数：　%					
备注：						
结论：						